THEME PARK IN EUROPE

アメリカ編

テーマパーク産業論
改訂版

中島 恵

三恵社

目次

はじめに

　本書では、ヨーロッパのテーマパーク産業を<u>経営学</u>的に論じる。本書は『テーマパーク産業論』（2011年出版）の改訂版で、アメリカに特化している。

　本書は観光学部、経営学部や経済学部の観光コースの大学生や大学院生、およびテーマパーク業界、観光業界で働く実務家向けである。ただし本書は具体的な経営ノウハウではない。そのため財務諸表（貸借対照表、損益計算書、キャッシュフロー計算書等）の分析を行わない。財務諸表を分析し、投資収益率、流動比率、総資本回転率、一株当たり利益率、労働分配率、損益分岐点などを算出することが経営（マネジメント）と考える人がいるようだが、それらは経営分析といって会計学の一分野である。本書に会計学の視点はない。

　本書ではディズニーとユニバーサル・スタジオの章を設けない。すでに単著として『ディズニーランドの国際展開戦略』（2014a）と『ユニバーサル・スタジオの国際展開戦略』（2014b）、『なぜ日本だけディズニーランドと USJ が「大」成功したのか?』（2017）（3冊とも三恵社）で出版した。本書を読めば、アメリカでは非ディズニー、非ユニバーサルのテーマパークも充実していると分かる。

テーマパーク産業の社会的意義

　前著「日本編」（2022a）で、日本のテーマパーク産業には大きく2つの社会的意義があると述べた。それは、(1)クールジャパン・コンテンツの二次利用による外国人観光客誘致と外貨獲得、(2)観光開発で地域活性化、特に過疎地や寂れた地域の活性化である。例えば、東京ディズニーランド（TDL）建設以前の浦安市舞浜エリアは公害で汚染された寂れた漁業の街だった。ユニバーサル・スタジオ・ジャパン（USJ）がある大阪市此花区桜島エリアは重厚長大産業の寂れた工場の集積だった。テーマパークが大きく成功すると観光地、リゾート地として美しくなり、活性化される。その際、SDGs（終章）に配慮し環境保全に努める必要がある。アメリカでもテーマパーク事業に社会的意義がある。それは、(1)外国人観光客誘致と外貨獲得、(2)観光開発で地域活性化と雇用創出である。

テーマパーク産業を経営学的に研究する意義

　経営学研究は自動車、電機、鉄鋼など大規模製造業を中心に発展してきた。これらの産業を研究する人は多く、膨大な研究蓄積がある。日本は製造業立国だったが、物価上昇に伴い工場の海外移転が相次ぎ、産業の空洞化が進んだ。新興国の台頭も著し

い。そこで 2003 年に**小泉政権は「観光立国」**を掲げ、訪日外国人観光客（インバウンド）を増やすため「ビジット・ジャパン・キャンペーン」を開始した。観光庁によると、訪日外国人数は 2003 年に 521 万人、2007 年に 835 万人と増え、東日本大震災の 2011 年に 622 万人に落ち込むも回復し、2013 年に 1036 万人と初めて 1000 万人を超えた。2015 年に 1974 万人、2016 年に 2404 万人、2018 年に 3119 万人、新型コロナウィルス感染拡大前の 2019 年には 3188 万人を記録した[1]。東京オリンピックの 2020 年に 4000 万人を超え、その後は年間 6000 万人になる計画だった。

　物価の高い日本では製造業立国は難しくなり、日本政府は観光立国に舵を切った。しかし観光業界を対象とした経営学研究が不足している。経営学の理論は大規模製造業を前提とするものが多い。テーマパーク業界を研究することで観光業界全般に活かせるだろう。テーマパーク産業にはベンチマークされる優良企業も優秀な経営者もいる。特に TDR を運営するオリエンタルランドと USJ は世界的に注目されている。

本書の構成

　本書は 3 部構成である。序章で世界ランキングと世界動向、第 I 部で老舗の初期から現在、第 II 部でハリウッド BIG5、第 III 部で非ハリウッド系を考察する。第 1 章でコニーアイランド、第 2 章でシダーポイント、第 3 章でパラマウント、第 4 章でワーナー・ブラザース、第 5 章でワーナー・ブラザース・スタジオストア、第 6 章でソニー・ピクチャーズ、第 7 章でシックス・フラッグス、第 8 章でシーワールドと動物愛護問題、終章でアメリカンドリームの象徴と動物愛護問題を考察する。本書は各章完結型で、その章だけを読んでも理解できるが、序章から順に進んでいき終章でまとめている。

研究方法

　研究方法は文献研究を用いた事例研究である。文献とは、新聞、書籍、白書、ビジネス雑誌等である。日経テレコンで新聞を検索する。インタビュー調査に応じていただけないため、二次資料を活用する。各章でアメリカの主なテーマパークを選び、詳しく考察する。私の研究はテーマパーク業界を初めて経営学的に研究し、全体像を明らかにする挑戦である。できるだけ事例研究を増やし、多くの事例が集まったら**帰納**したい。現在は、後に**帰納法**で解明するための途中段階にある。

---

[1] 観光庁「訪日外国人旅行者数・出国日本人数」2022 年 7 月 26 日アクセス
https://www.mlit.go.jp/kankocho/siryou/toukei/in_out.html

アメリカの概要

　アメリカ合衆国[2]は面積約 983 万平方 km²（50 州・日本の約 26 倍）、人口約 3 億 3200 万人（2021 年 7 月、米統計局推計）、首都ワシントン D.C.、言語は主として英語（法律上の定めはない）、宗教は主にキリスト教（信教の自由を憲法で保障）である。1776 年 7 月 4 日に独立宣言（独立記念日）、1783 年に英国が独立を承認、1787 年に合衆国憲法制定、1789 年に初代大統領ジョージ・ワシントンが選出され就任した。政治体制は大統領制で連邦制（50 州他）、元首はジョセフ・R・バイデン大統領（2021 年 1 月 20 日就任、憲法で三選は禁止）、カマラ・ハリス副大統領、アントニー・ブリンケン国務長官である。議会は二院制で上院（100 議席、任期 6 年）、下院（435 議席、任期 2 年）である。

外交　バイデン政権は米欧関係や NATO の再活性化等、同盟関係の回復・強化を推進するとともに、多国間枠組や国際機関への復帰による国際協調外交、米国の指導力の回復を目標に掲げている。また日米同盟の一層の強化や、「自由で開かれたインド太平洋」の実現に向けて米国と緊密に連携していくことで一致している。

軍事力　2020 年度国防費予算 7126 億ドル、兵役は志願制、約 133.6 万人（2020 年 3 月末）。

経済　主要産業は工業（全般）、農林業（小麦、トウモロコシ、大豆、木材他）、金融・保険・不動産業、サービス業、GDP18 兆 4226 億ドル（2020 年実質）、一人当たり GDP69,221 ドル、GDP 成長率 5.7%（2021 年）、消費者物価指数 8.5%（2022 年、対前年同月比）、失業率 3.6%（2022 年 3 月）、貿易額は輸出 2 兆 5392 億ドル、輸入 3 兆 3943 億ドルである。主要貿易品目（2019 年）は、輸出は自動車、自動車部品、工業用原材料、航空機、医療機器、輸入は自動車、自動車部品、通信機器、医療機器である。主要貿易相手国・地域（2019 年）は、輸出はカナダ、メキシコ、中国、日本、韓国、輸入は中国、メキシコ、カナダ、日本、ドイツである。

二国間関係　日米両国は基本的価値及び戦略的利益を共有し、日米安保体制を中核とする強固な同盟関係にある。日本は日米同盟を外交の基軸とし、地域情勢や安全保障、経済、地球規模課題等について、米国と緊密に連携して取り組む。

日米貿易　貿易額（2020 年）は輸出（日本から米国）126,108 億円（前年度比 -1.4%）、輸入（米国から日本）74,536 億円である。主要品目は、輸出（日本から米国）は自動車、原動機、自動車部品、半導体等製造装置、建設用・鉱山用機械、輸入は原動機、航空機類、医薬品、科学光学機器である。

---

2 外務省「アメリカ合衆国」2023 年 4 月 11 日アクセス
https://www.mofa.go.jp/mofaj/area/usa/data.html

本書で必要となる前提知識

略称

米：亜米利加：アメリカ、**英**：英吉利：イギリス、**仏**：仏蘭西：フランス、**伊**：伊太利亜：イタリア、**独**：独逸：ドイツ、**西**：西班牙：スペイン、**加**：加奈陀：カナダ。

CEO：Chief Executive Officer：最高経営責任者：日本でいう社長、経営者

COO：Chief Operating Officer：最高執行責任者

CFO：Chief Financial Officer：最高財務責任者

第2パーク：成功したテーマパークに隣接してつくる同じブランドのテーマパーク。例えば、東京ディズニーランドが第1パークで、東京ディズニーシーが第2パーク。

Ha：ha：ヘクタール。広さの単位。100m×100m=10000m²。

TDL：東京ディズニーランド、1983年開業、**TDS**：東京ディズニーシー、2001年開業。

TDR：東京ディズニーリゾート、2001年開業、TDLとTDSにイクスピアリ、モノレール、ホテル等を合わせたリゾートエリア。

US：ユニバーサル・スタジオ／1964年にUSハリウッド開業、2001年にUSJ開業、2011年にUSシンガポール開業、2021年にUS北京開業。

第2パーク：成功したテーマパークに隣接してつくる同じブランドのテーマパーク。例えば、東京ディズニーランドが第1パークで、東京ディズニーシーが第2パーク。

IR：Integrated Resort：統合型リゾート。国際会議場、国際展示場、ショッピングセンター、レストラン街、テーマパーク、動物園、水族館、植物園、映画館、ビーチ、プール、ゴルフ場などにホテルを併設した大規模なリゾート。カジノを併設するケースもある。

アウトバウンド観光：自国民が外国に観光に行くこと。

インバウンド観光：外国人観光客を自国に呼ぶこと。外貨獲得につながる。多くの国が観光立国を目指しており激戦。日本政府は2030年に訪日外国人観光客6000万人を目指す。

VR：Virtual Reality：仮想現実、**AR**：Augmented Reality：拡張現実。

エデュテイメント：エンターテイメント（Entertainment：娯楽・楽しみ）とエデュケーション（Education：教育）の複合語で造語。

IP：Intellectual Property：知的財産：人間の知的活動で生み出されたアイディアや創作物などの財産的価値が「知的財産」である。知的財産の中には法律で規定された権利や法律上保護される利益に係る権利として保護されるものがある。それらの権利は「知的財産権」と呼ばれ、特許権、実用新案権、意匠権、商標権、著作権、不

正競争の防止、育成者権、地理的表示法、回路配置利用権、商号などがある[3]。

EBITDA：Earnings Before Interest, Taxes, Depreciation and Amortization：金利、税金、償却前利益：企業価値評価の指標。営業利益に減価償却費を加えて算出。各国で純利益に対する借入金利、税率、減価償却費が異なるため、その差異を最小限に抑え、企業価値を国際的に比較し評価する際の指標とする。

3大ネットワーク：ABC、CBS、NBC（米大手テレビ局）

MICE：マイス：Meeting, Incentive, Conference, Exhibition：ミーティング、報奨旅行、会議、展示会。会議や展示会のために出張することを**ビジネス・ツーリズム**という。会議や展示会は、利益率は低いが集客力は高い。MICEの旅行者はエリートや高収入者が多いため、飲食、買い物、ゴルフ、スパ、カジノなどの**集金装置**に誘導したい。集客するための装置を**集客装置**という。

レイオフ：layoff：一時解雇。欧米、特にアメリカの労働法では業績悪化時に従業員を一時解雇することが合法である。業績が回復したら再雇用することが前提である。それを先任権という。企業にとって、業績回復時に新人を雇うより即戦力となる。ただし事業所を閉める、工場を物価の安い国に移転する場合などは、再雇用を前提としない。

低予算で用地を獲得する時の3類型

　テーマパーク向けの広い用地を低予算で確保する方法として次の 3 類型がある。それは、(1)筑波大学型、(2)中央大学型、(3)両大学複合型、と前書「日本編」（2022a）で定義した。筆者の定義であり、業界でこのように言われているのではない。

　筑波大学の前身は東京教育大学である。筑波大学は 1973 年に茨城県つくば市に移設された。つくばエクスプレス開通前で非常に不便な立地にあった。東京などからバスでいくと、**郊外**に突然新築のビル群が出現した。広い敷地を確保するために郊外に立地する。中央大学は東京都文京区後楽園という東京ドームの近くに立地したが、ドーナツ化現象で東京都八王子市の多摩キャンパスにメインキャンパスを移した。ここは**傾斜地**である。山の自然な斜面を活かしていると言えるが、歩くには勾配が辛い。不動産業界では、傾斜地の方が低価格である。

　郊外かつ傾斜地を活かしたテーマパークを両大学（筑波大学型と中央大学）複合型と定義する。3 類型とも地価がお手頃価格である。例えば、香港の「香港海洋公園」は郊外に突然出現する。しかも急な傾斜地にスキー場のようなリフトやゴンドラ、エ

---

[3] 日本弁理士会「知的財産権とは」2023 年 6 月 18 日アクセス
https://www.jpaa.or.jp/intellectual-property/

スカレーターなどを配備して工夫している。それに対して、香港ディズニーランドは香港政府の重点政策なので、香港中心部と香港国際空港の間のMTR（地下鉄）の駅前という便利な場所にある。

表1：低予算で用地を獲得する時の3類型

	低予算の用地	特徴
1	筑波大学型	郊外に突然新築ビル群が出現
2	中央大学型	傾斜地の斜面を有効活用
3	両大学複合型	郊外かつ傾斜地を有効活用

出典：中島（2022a）『テーマパーク産業論改訂版　日本編』166頁

謝辞

　いつもながら私が研究に励めるのは家族のおかげである。そしてウォルト・ディズニーの存在こそが、私が研究に励む動機だと気づいた。

　ウォルトは第二次世界大戦後の1940年代後半にディズニーランドを計画し始めた。この時、後にテーマパークの魅力と商業性、収益性に魅せられた人たちが世界中にテーマパークを建設すると思わなかっただろう。ウォルトのアイディアは世界中に波及しつつある。開発が遅れるアフリカ大陸で、すでにキッザニアがエジプトに開業した。また2004年の日本に私のような大学院生が現れ、世界中のテーマパーク産業を研究すると思わなかっただろう。

　ウォルトをはじめ映画監督や映画プロデューサーは人生を貫く仕事を持ち、成功している。ウォルトは大人になってからの人生のほぼ全部をアニメ映画とテーマパークの創造に捧げた。ウォルトは高校を中退し、17〜19歳まで第一次世界大戦でフランスで後方支援（トラック輸送）をしていた。ウォルトは19歳で第一次世界大戦が終わって帰国し、裸一貫でアニメ映画の世界に飛び込んだ。28歳でミッキーマウスの映画『蒸気船ウィリー』がヒットするまで貧乏が続いた。

　私も大人になってからの人生のほとんどをテーマパーク経営の研究に費やした。ウォルトは貧しい家に生まれ、何回倒産しても諦めずに這い上がってきた。私もウォルトに倣って決して諦めずに研究に励むと心に誓う。

　スタジオジブリの宮崎駿監督は、上司で先輩アニメーターの高畑勲監督に惚れ込み、ひたすら高畑監督に認められる作品を作ろうと創作活動に励んだそうだ。宮崎監督がアニメーションを制作するモチベーションは、常に高畑勲という存在によって成り立っているという。高畑監督に認められたい。宮崎監督の「永遠の片思い」だと

いう。スタジオジブリの鈴木敏夫プロデューサーは「宮さんは実はただ一人の観客を意識して映画を作っている。宮崎駿が一番作品を見せたいのは高畑勲」と断言している[4]。

　そう知ってから気づいた。私はウォルトに認められる作品（著作）をつくりたいと。ウォルトはクオリティの高さに異常にこだわった。ウォルトが認める作品なら世間的にも高品質である。私は誰にも認められなくてもいいから、ウォルトだけには認められたいと思うようになった。私も永遠に片思いする。

　以下、私から天国のウォルト・ディズニーへの感謝と誓いである。

　アメリカの一民間人である貴方の造語「テーマパーク（theme park）」は、貴方の死後、世界中で計画され、建設され、一大産業になっています。私は貴方に魅せられ、テーマパーク産業を研究することに魅せられました。世界のテーマパーク産業がどのように成長していくのか、貴方の作品とどう関連するのか、貴方の作品は世界市場にどのような影響を与えるのか、私が人生を賭けて研究し、著作にまとめ、世間に発表します。世間に向けて発表しますが、私は他の誰でもない貴方に認められたいのです。貴方は世界で一番クオリティの高さにこだわった人の1人です。貴方に認められるクオリティなら、十分にハイクオリティでしょう。貴方の周りにはアニメーターがたくさんいて、研究者は1人もいなかったはずです。私の周りにはアニメーターは1人もおらず、研究者はたくさんいます。世の中には私のような人種もいるのです。貴方が大人になってからの人生をアニメ映画とテーマパークの創造に捧げたように、私は世界のテーマパーク産業の研究に人生を捧げます。貴方のおかげで、私は飽くなき探究心と尽きることのない情熱を持つことができました。

2024 年 3 月 20 日
中島　恵

---

[4] ORICON NEWS「「監督・宮崎駿」を生み出した高畑勲の功績　肉親以上の関係だった2人の天才」2023 年 4 月 4 日アクセス https://www.oricon.co.jp/special/50964/

序　章　世界ランキングと世界動向

1. はじめに

　世界のテーマパーク業界はディズニーやユニバーサルなど大手テーマパークチェーンが席巻している。世界のテーマパーク業界は、アメリカが世界1位、日本が2位のテーマパーク大国である。アメリカ市場では、準大手や中堅テーマパーク事業者が複数のテーマパークを所有して運営している。

　本章では、テーマパーク産業の世界ランキングと世界動向をおおまかに考察する。テーマパーク産業の全体像を概観し、現状と特性を考察する。第1にテーマパークを定義し、第2に2011年と2019〜2022年の世界ランキングを比較し、第3に世界の主要テーマパークの動向を考察する。

2. テーマパークとは何か

日本の経済産業省による定義

　アメリカ政府によるテーマパークの定義が見当たらないため、日本政府のテーマパークの定義を参考に、筆者の定義も合わせたい。日本の経済産業省は「平成30年特定サービス産業実態調査[5]」のうち「公園、遊園地・テーマパーク」の調査結果をまとめた。調査方法は経済産業省が調査を委託した特定サービス産業実態調査実施事務局が、郵送により調査票を配布し、郵送又はオンラインにより取集を行った。公園、遊園地・テーマパークの調査対象は、娯楽を提供することを主たる業務として営む事業所のうち、以下に該当する事業所である。

(1) 公園：○○公園、○○庭園、○○公園管理事務所などと呼ばれている事業所で、入場料を徴収することで入場でき、樹木、池等の自然環境を有して、娯楽を提供し、又は休養を与える事業所

(2) 遊園地：主として屋内、屋外を問わず、常設の遊戯施設[6]を3種類以上（直接、硬貨・メダル・カード等を投入するものを除く）有し、フリーパスの購入もしくは料金を支払うことにより施設を利用できる事業所

(3) テーマパーク：入場料をとり、特定の非日常的なテーマのもとに施設全体の環境

---

[5] 経済産業省「平成30年特定サービス産業実態調査報告書」の中の「公園、遊園地・テーマパーク編」2021年6月23日アクセス
https://www.meti.go.jp/statistics/tyo/tokusabizi/result-2/h30/pdf/h30report26.pdf
[6] 遊戯施設：コースター、観覧車、メリーゴーランド、バイキング、フライングカーペット、モノレール、オクトパス、飛行塔、ミニSL、ゴーカートなど。

づくりを行い、テーマに関連する常設かつ有料のアトラクション施設[7]を有し、パレードやイベントなどを組み込んで、空間全体を演出する事業所

本書でのテーマパークの定義

　テーマパークとは**ウォルト・ディズニーの造語**で、テーマのあるパークという意味である。ウォルトは高校中退（第一次世界大戦で後方支援のため）だからか、アカデミックな論文向けの定義をしなかった。後にテーマパークを研究する人が現れるとは思わなかったはずである。テーマパークはウォルトという民間人の造語ゆえに、法律を基にした定義は無い（それを「根拠法令」という）。例えば、病院と診療所は医療法で明確に定義され、区別されている。病床数（入院患者用ベッド）が20床以上あれば病院、19床以下なら診療所（医院・クリニック）である。テーマパークの定義の際、必ず出てくるのが遊園地との違いである。テーマパークと遊園地には根拠法令に基づく定義はない。日本の経済産業省は社会の実態を調査した上でそのように定義した。先に経済産業省が法律で定義し、それに従ってテーマパークと遊園地が創業されたのではない。

　日本では、テーマパークと遊園地の簡潔な定義は「テーマがあるのがテーマパーク、テーマが無く乗り物を集めたのが遊園地」である。それは業界で広まっている定義であって、誰が定義したのか分かっていない。公的な機関が定義したのではない。

　それに対して、筆者の定義は「昭和の名称が遊園地、平成以降の名称がテーマパーク」である。名称のみの違いである。筆者は中身については差をつけて考えていない。経営学ではテーマパークと遊園地を明確に区別することは重要ではないため、両者を合わせてテーマパークと表記する。日本では1983（昭和58）年に東京ディズニーランド（TDL）が開業し、1989（平成元）年頃からメディアの報道に「遊園地」だけでなく「テーマパーク」という言葉も使われるようになった。平成に入ってからテーマパークという言葉が日本で普及し、広まっていったため、テーマパークは平成以降の名称と筆者は定義する。

　なお、アメリカでテーマパークを研究する研究者で、有名な人はいないようだ。いるのはウォルト・ディズニーの伝記作家である（e.g. Thomas, 1976, Gabler, 2011）。伝記は文学的かつ歴史的であって、経営学で参考にできる情報が少ない。

---

[7] アトラクション施設：映像、ライド（乗り物）、ショー、イベント、シミュレーション、仮想体験（バーチャルリアリティ）、展示物の施設など。

表1：遊園地とテーマパークの定義

	簡潔な定義	中島の定義
遊園地	テーマが無い	昭和の名称
テーマパーク	テーマが有る	平成以降の名称

3. 世界テーマパーク産業の動向

　ここでは AECOM の 2011 年と新型コロナウィルス流行前の 2019 年の「世界主要 10 テーマパークグループ」（表2）の入場者数を比較する。2020 年からコロナ禍でテーマパークは閉鎖され、実力よりも低い数値が出ているため、コロナ禍の影響を受けていない 2019 年と比較する。多くの場合、一事業者が複数のテーマパークを経営しているため「テーマパークチェーン」と呼ばれる。AECOM は各事業者の全テーマパークの入場者を合算している。ランキングでは米ウォルト・ディズニー社（以降、米ディズニー社）のテーマパークの圧勝である。実際は米ディズニー社の子会社ウォルト・ディズニー・パークス・アンド・リゾーツの子会社ウォルト・ディズニー・アトラクションズが運営している。2 位のマーリン・エンターテイメンツはイギリスのテーマパーク運営会社で、欧州中心に中小規模のテーマパークを多数有する。3 位はユニバーサル・スタジオである。4 位のパークス・リユニダスはスペインのマドリードのエンターテイメント企業で、欧米中心に中小規模のテーマパークを多数経営している。8 位の華僑城は中国深圳の都市開発の企業で、大規模開発の一部としてテーマパークを建設している。それ以外の 10 位以内の企業は、中小規模のテーマパークを複数経営することで規模の経済性と範囲の経済性を達成している。おそらく経営難に陥ったテーマパークや動物園を吸収して運営しているのだろう。

　続いて、2011 年と 2019〜2022 年の世界トップ 20 テーマパークランキングを見てみよう（表4〜6）。2019 年はコロナ禍の影響を受けていない年で、2020 年以降はコロナ禍で閉鎖を余儀なくされ大打撃を受けた。

表2：世界主要10グループの2011年入場者数（単位：万人）

	企業グループ	本社	主要パーク	入場者数
1	ウォルト・ディズニー・アトラクションズ	米カリフォルニア州バーバンク	世界のディズニーランド	12140
2	マーリン・エンターテイメント・グループ	英プール	欧州中心に中小パーク多数	4640
3	ユニバーサル・スタジオ・リクレーション・グループ	米フロリダ州オーランド	世界のユニバーサル・スタジオ	3080
4	パークス・リユニダス	西マドリード	欧米に中小パーク多数	2622
5	シックス・フラッグズ・エンターテイメント	米テキサス州グランドプレーリー	絶叫マシン系パーク多数	2430
6	シーワールド　パークス&エンターテイメント	米フロリダ州オーランド	米国の海のテーマパーク	2360
7	シダーフェア・エンターテイメント・グループ	米オハイオ州サンダスキー	ナッツベリーファーム等米国に中小パーク多数	2340
8	華僑城（OCT PARKS）	中国・深圳	都市開発とテーマパーク	2173
9	ヘルシェント・エンターテイメント	米ジョージア州アトランタ	米国に中小パーク多数	950
10	カンパーニュ・デ・アルプス	仏ブローニュ＝ビヤンクール	欧州中心に中小パーク多数	921
	合計			33656

出典：2011年「Theme Index: Global Attraction Attendance Report[8]」p.11の表に加筆修正
http://www.aecom.com/deployedfiles/Internet/Capabilities/Economics/_documents/Theme%
20Index%202011.pdf

---

[8] AECOM「WHAT WE DO」「Economics」2013年1月12日アクセス
http://www.aecom.com/deployedfiles/Internet/Capabilities/Economics/_documents/The
me%20Index%202011.pdf

表 3：世界主要 10 グループの 2019 年入場者数（単位：万人）

	企業グループ	本社	主要パーク	入場者
1	ウォルト・ディズニー・アトラクションズ	米カリフォルニア州バーバンク	世界のディズニーランド	15599
2	マーリン・エンターテイメント・グループ	英プール	欧州中心に中小パーク多数	6700
3	華僑城（OCT PARKS)	中国・深圳	都市開発と中小パーク多数	5397
4	ユニバーサル・スタジオ・リクレーション・グループ	米フロリダ州オーランド	世界のユニバーサル・スタジオ	5124
5	華強方特（FANTAWILD)	中国・重慶	中国に中小パーク多数	5039
6	長隆（CHIMELONG)	中国・広州	中国に中小パーク多数	3702
7	シックス・フラッグズ・エンターテイメント	米テキサス州グランドプレーリー	絶叫マシン系パーク多数	3281
8	シダーフェア・エンターテイメント・グループ	米オハイオ州サンダスキー	ナッツベリーファーム等米国に中小パーク多数	2794
9	シーワールド・パークス&エンターテイメント	米フロリダ州オーランド	米国の海のテーマパーク	2262
10	パークス・リユニダス	西マドリード	欧米に中小パーク多数	2220
	合計			52120

出典：AECOM, Theme Index 2019, p11, 2023 年 2 月 24 日アクセス

https://aecom.com/content/wp-content/uploads/2020/07/Theme-Index-2019.pdf

表4：2011年世界トップ20テーマパーク（単位：万人）

	テーマパーク	立　　　地	入場者
1	**ディズニー・マジックキングダム**	米フロリダ州レイクブエナビスタ	1714
2	**ディズニーランド**	米カリフォルニア州アナハイム	1614
3	**東京ディズニーランド**	日本・千葉	1400
4	**東京ディズニーシー**	日本・千葉	1193
5	**ディズニーランド・パリ**	仏マヌル・ラ・ヴァレ	1100
6	**エプコット**	米フロリダ州レイクブエナビスタ	1083
7	**ディズニー・アニマルキングダム**	米フロリダ州レイクブエナビスタ	978
8	**ディズニー・ハリウッド・スタジオ**	米フロリダ州レイクブエナビスタ	970
9	ユニバーサル・スタジオ・ジャパン	日本・大阪	850
10	アイランド・オブ・アドベンチャー	米フロリダ州オーランド	767
11	ロッテワールド	韓国ソウル	758
12	香港海洋公園	香港	696
13	エバーランド	韓国京畿道	657
14	**ディズニー・カリフォルニア・アドベンチャー**	米カリフォルニア州アナハイム	634
15	ユニバーサル・スタジオ・フロリダ	米フロリダ州オーランド	604
16	**香港ディズニーランド**	香港	590
17	ナガシマスパーランド	日本・三重	582
18	シーワールド・フロリダ	米フロリダ州オーランド	520
19	ユニバーサル・スタジオ・ハリウッド	米カリフォルニア州ユニバーサルシティ	514
20	**ウォルト・ディズニー・スタジオ**	仏マヌル・ラ・ヴァレ	471

出典：2011年「Theme Index: Global Attraction Attendance Report」のpp.12-13の表に加筆
http://www.aecom.com/deployedfiles/Internet/Capabilities/Economics/_documents/Theme%20Index%202011.pdf
＊太字表記はディズニーのテーマパーク

表 5：世界トップ 20 テーマパーク年間入場者数（単位：万人）

	テーマパーク	立　地	2022	2021	2020	2019
1	マジックキングダム	米フロリダ州	1713	1269	694	2096
2	ディズニーランド	米カリフォルニア州	1688	857	367	1186
3	東京ディズニーランド	日本・東京*	1200	630	416	1791
4	東京ディズニーシー	日本・東京*	1010	580	340	1466
5	ユニバーサル・スタジオ・ジャパン	日本・大阪	1235	550	490	1100
6	ディズニー・アニマルキングダム	米フロリダ州	902	719	416	1083
7	エプコット	米フロリダ州	1000	775	404	978
8	長隆海洋公園	中国・珠海	440	745	479	1174
9	ディズニー・ハリウッド・スタジオ	米フロリダ州	1090	858	367	850
10	上海ディズニーランド	中国・上海	530	848	550	767
11	ユニバーサル・スタジオ・フロリダ	米フロリダ州	1075	898	409	758
12	アイランズ・オブ・アドベンチャー	米フロリダ州	1102	907	400	696
13	カリフォルニア・アドベンチャー	米カリフォルニア州	900	497	191	657
14	ディズニーランド・パリ	仏マルヌ・ラ・ヴァレ	993	350	262	634
15	ユニバーサル・スタジオ・ハリウッド	米カリフォルニア州	840	550	129	604
16	エバーランド	韓国京畿道	577	371	276	590
17	ロッテワールド	韓国ソウル	452	246	156	582
18	ナガシマスパーランド	日本・三重	420	360	240	520
19	ヨーロッパパーク	独ルスト	600	300	250	514
20	香港海洋公園	香港	140	140	220	570
21	香港ディズニーランド	香港	340	280	170	569
22	デ・エフテリン	蘭カーツスフーベル	543	330	290	526
23	ウォルト・ディズニー・スタジオ・パリ	仏マルヌ・ラ・ヴァレ	534	188	141	524
24	歓楽谷	中国・北京	374	493	395	516
25	長隆歓楽世界	中国・広州	230	389	268	490
	25 パーク合計		19869	14135	8325	25372

出典：AECOM, Theme Index 2022, p14-15, 2023 年 7 月 14 日アクセス

https://aecom.com/wp-content/uploads/documents/reports/AECOM-Theme-Index-2022.pdf

＊アメリカの資料なので TDL・TDS の立地が千葉ではなく東京になっている。

表 6：北米トップ 20 テーマパーク（単位：万人）

	テーマパーク	立　　地	2022	2021	2020	2019
1	**マジックキングダム**	フロリダ州	1713	1269	694	2096
2	**ディズニーランド**	カリフォルニア州	1688	857	367	1186
3	**ディズニー・アニマルキングダム**	フロリダ州	902	719	416	1083
4	**エプコット**	フロリダ州	1000	775	404	978
5	**ディズニー・ハリウッド・スタジオ**	フロリダ州	1090	858	367	850
6	ユニバーサル・スタジオ・フロリダ	フロリダ州	1075	898	409	758
7	アイランズ・オブ・アドベンチャー	フロリダ州	1102	907	400	696
8	**カリフォルニア・アドベンチャー**	カリフォルニア州	900	497	191	657
9	ユニバーサル・スタジオ・ハリウッド	カリフォルニア州	840	550	129	604
10	シーワールド・オーランド	フロリダ州	445	305	159	464
11	ナッツベリー・ファーム	カリフォルニア州	389	368	81	423
12	ブッシュガーデン・タンパ	フロリダ州	405	321	128	418
13	カナダ・ワンダーランド	加オンタリオ州	376	587	-	395
14	シーワールド・サンディエゴ	カリフォルニア州	350	280	113	373
15	シダーポイント	オハイオ州	344	332	102	361
16	シックス・フラッグス・マジック・マウンテン	カリフォルニア州	299	304	68	352
17	キングス・アイランド	オハイオ州	334	318	162	348
18	シックス・フラッグス・グレイト・アドベンチャー	ニュージャージー州	215	291	598	345
19	ハーシー・パーク	ペンシルベニア州	319	301	171	338
20	シックス・フラッグス・グレイト・アメリカ	イリノイ州	253	267	-	316
	20 パーク合計		14045	10482	4430	15910

出典：AECOM, Theme Index 2022, p29, 2023 年 7 月 14 日アクセス

https://aecom.com/wp-content/uploads/documents/reports/AECOM-Theme-Index-2022.pdf

数値の信頼性：香港ディズニーに入場者数偽装報道

　このような調査の信頼性を揺るがすことが起こった。中国勢は本当の入場者数を公表しているのか分からない。2006 年に香港ディズニーが経営不振の際、香港ディズニーは入場者数を実際より多く発表している、と香港メディアが報じた[9]。亜州 IR 中国株ニュースも中国のテーマパークが収支を偽装している可能性を指摘した[10]。中国だけの問題ではない。他の地域のテーマパークが入場者数を偽装しても、話題にならないこともあるだろう。

TDL の成功がディズニーランドの世界展開につながった

　世界市場を席巻しているディズニーは、TDL の成功が世界展開のきっかけとなったと米ディズニー社は認識している。

　2013 年 10 月、ウォルト・ディズニー・パークス・アンド・リゾーツ（テーマパーク部門を統括）のトム・スタッグス会長が日本経済新聞のインタビューで次のように述べた。30 周年を迎えた TDR の評価は「TDR はディズニーランドが米国以外でも受け入れられることを証明した。開園以来、堅調に成長してきたのは昔から続くアトラクションと新しいアトラクションがミックスされ、ゲストに楽しみを与えているから。リピート率上昇にもつながっている」「TDR は日本の観光客にとって一番の目的地になっている。パリのディズニーランドもヨーロッパで一番の観光地である。香港も堅調に成長している。2015 年後半には上海ディズニーランドが開園する。TDR の成功体験が他の開園につながった」と述べた[11]。

5. まとめ

　本章では、テーマパーク産業の世界ランキングと世界動向をおおまかに考察し、次の点を明らかにした。

　第 1 に、世界の主要テーマパーク（2011 年）の 20 施設中、10 施設がアメリカ本土に立地し、うちフロリダ州に 6 施設、カリフォルニア州に 3 施設が集中している。両州が世界のテーマパークの先進エリアで、産業集積である。続いて日本に 4 施設あるため、日本が世界 2 位、アジア 1 位のテーマパーク先進国である。

---

[9] 2006/09/08 日経産業新聞 4 頁「香港ディズニー、「1 年で 560 万人」の目標困難…、集客数にかさあげ疑惑。」
[10] 2019/07/31 亜州 IR 中国株ニュース「【統計】中国にテーマパーク投資ブーム再来、19 年は 7 兆円規模　中国」
[11] 2013/10/14 日経 MJ（流通新聞）11 頁「米ディズニーのテーマパーク部門トップ、トム・スタッグス会長に聞く。」

第2に、2011年と2020年代初頭の大きい差異は、(1)2022年にUSJがTDL・TDSの年間入場者数を抜いたこと、(2)2020年2月頃に始まる新型コロナウィルス流行で閉園を余儀なくされ大打撃を受けたこと、(3)中国勢の台頭である。2011年の時点でこれほど中国勢が増加すると筆者は予想しなかった。またトップ20の合計入場者数が2011年と2019年で大きく増加した。世界的にテーマパークの入場者数が上がっており、テーマパーク業界は高度成長期である。ただしTDRは新型コロナで入場者数を抑制させられた。そのためTDRは入場者数を少なくし、空いていて快適に過ごせる環境を提供し、年間パスポート（年パス）を廃止し、有料ファストパス導入などで**客単価を上げる戦略**に変更した[12]。それに対して、USJは年パスを継続しており、客単価が低い客が多く混ざっているはずである。USJもTDRも、年パス客とその都度チケットを購入する客の比率を公表していない。USJは3種類の年パスのうち、中価格帯（大人26182円、子供17455円）の年パスを廃止して、高価格帯（大人48800円、子供33200円）で除外日がない年パスと、低価格帯（大人20000円、子供14000円）で繁忙日は除外される年パスのみにした[13]。USJとTDRは同じ条件で競争していないため、単純にUSJがTDRを入場者数で抜く下剋上を達成したとは言えない。

　第3に、TDLの成功がディズニーランドの世界展開につながったと、米ディズニーの経営陣は考えている。TDLの成功はアメリカで報道されたので、多くのアメリカ人がテーマパークにビジネスチャンスを感じたはずである。

　このような入場者数調査の限界として、年パスでの再入場を排除できず、一人にカウントされることが挙げられる。TDRでは年パス所有者が新しいイベントのたびに入口で無料配布する非売品ピンバッチをもらうために何回も入園し、退園する。自分用と保管用をとったら、あとはネットオークション等で転売する。また年パス所有者は園内の食事が高額なため、外に出て近隣の安価な店で食べてから再入場し、これが二人目の入場者にカウントされる。これらの統計データは再入場の年パス組を排除できず、人気施設の入場者数を現実の集客力以上の数値にしているという矛盾を含んでいる。

---

[12] 2022/07/08 日本経済新聞「ディズニーリゾート、サービスDXで客単価向上へ」2023年7月14日アクセス
https://www.nikkei.com/article/DGXZQOUC271LY0X20C22A6000000/
[13] USJ「ユニバーサル・プライム年パス」2023年7月14日アクセス
https://www.usj.co.jp/ticket/apass/?utm_source=google&utm_medium=cpc&utm_term=usj%20%E5%B9%B4%E3%83%91%E3%82%B9&utm_content=14-20221216_txt_7547&utm_campaign=non_22_wts_jp&gad=1&gclid=CjwKCAjw5MOlBhBTEiwAAJ8e1kqz-Io8exfhbcrxWGaTQzgY7rBAryLXjTp1YJGb54FE_n-Uozrl-hoClRQQAvD_BwE

第Ⅰ部　老舗パークの初期から現在

　アメリカでは1800年代からアミューズメントパーク（amusement park：遊園地）が運営されてきた。ウォルト・ディズニーがテーマパークという造語をつくる前は、アミューズメントパーク（以降、遊園地）という名称だった。ディズニーランド以前のアメリカ最大の遊園地はニューヨークにあるコニーアイランドである。現在でもアメリカを代表する人気遊園地で、ニューヨークの人気観光地である。本部では、コニーアイランドと西海岸で人気の老舗遊園地「ナッツベリーファーム」を考察する。

第1章　コニーアイランド
～ディズニーランド以前のアメリカ最大の遊園地～

1. はじめに
　アメリカを代表する遊園地といえばニューヨークのコニーアイランドである。ディズニーランド開業前のアメリカでは、遊園地と言えばコニーアイランドが最も有名だった。欧米の遊園地は、産業革命で都市に大量に生じた労働者のストレス発散のための遊び場として誕生した。ディズニーランド以前の遊園地は親子連れに向かず、男性労働者向けだった。その代表格がコニーアイランドである（堀, 1987）。
　コニーアイランドはアメリカの遊園地を知るために重要であるが、日本でコニーアイランドの研究がほぼ行われていない。上記の堀（1987）『人を集める―なぜ東京ディズニーランドがはやるのか―』では、コニーアイランドの説明はほとんど無いため、本章で明らかにしたい。本章では、コニーアイランドの誕生からの経緯と現状を考察する。

2. コニーアイランドとは何か
　筆者はコニーアイランドが遊園地の名前だと思っていたが、調べるうちに、コニーアイランドとは単独の遊園地ではなく、高級リゾート地と複数の遊園地のあるエリアで、そのエリアを「コニーアイランド」と言うと分かった。日本で言うところのお台場のような観光地である。地理的にはニューヨーク市ブルックリン区の南端にある地区で、半島である。

アメリカ最大の歓楽街、衰退するも復活

　米大手旅行代理店エクスペディアによると、コニーアイランドはかつてアメリカ最大の歓楽街だったが、第二次世界大戦後にマンハッタンの映画やブロードウェイに客を奪われ、衰退した。しかし経営努力を続けた結果、再び地元客（ニューヨーカー）や観光客が殺到する人気スポットとなった。特にルナパークというテーマパークは大規模改修工事を経て2010年に再オープンしてから好評を博し、コニーアイランドのシンボル的な存在になっている。コニーアイランドには、マンハッタンのどのエリアからもコニーアイランド行きの地下鉄があり、45〜60分ほどで到着する。一番活気あるのは夏で、4月から10月までは他の時期にはやっていないアトラクション（野外コンサート、映画上映会、花火大会等）がたくさんある。現在のルナパークには19種類の乗り物がある[14]。

非営利の芸術団体の芸術運動で復活

　コニーアイランドは19世紀に開発されたアメリカ随一の高級リゾートである。ビーチは当初一部の富裕層にのみ開放され、富裕層の女性が初めて人前で水着になった場所だった。20世紀初頭にはすでに猥雑さを併せ持つ一大娯楽施設になっていた。コニーアイランドの有名なジェットコースター「サイクロン」は1927年に導入され、大観覧車と並ぶコニーアイランド名物になっている。コニーアイランドは、ビーチが一般開放されるようになって隆盛を極めるも、1960〜70年代に最悪に低迷した。1960年代に遊園地オーナーの人種差別的待遇で暴動が起き、園内の乗り物の所有者に見放された。そしてカジノへの転換など再建計画が浮かんでは消えた。1970年代に客が激減し、解体が計画されたものの、存続キャンペーンが起きて継続された。荒廃から立ち直ったきっかけは芸術運動だった。非営利の芸術団体「コニーアイランドUSA」の創設者ディック・ジグン（Dick Zigun）氏は1983年に始まった「マーメイドパレード」を一つの転機と考えている。「足のない人魚がパレード」というばかばかしい発想で始まり、当初は見物人より人魚に扮した演者が多かったイベントに、後に50万人の見物客が来るようになり、若手芸術家の作品発表の場になった。場所の特性を生かした「場末風の派手なイベント」だから受けた、とジグン氏は述べた。そしてコニーアイランドは1991年にニューヨーク市の**歴史的建造物**と国の**歴史地区**

---

[14] Expedia.co.jp「コニーアイランド」2020年12月12日アクセス
https://www.expedia.co.jp/Coney-Island.dx91883

に指定された[15]。

コニーアイランドの大半は下品でパワフルな歓楽街

　コニーアイランドの遊園地の歴史は 1895 年に始まる。10 年間で 3 つの遊園地が開業し、1950 年代まで隆盛を誇った。1903 年に発明王トーマス・エジソンが、観客 3 人を踏み殺した象を観客の前で電気ショックで処刑するという衝撃的な事件が起こった。同じ頃、アフリカの部族を見せ物にするなど、負の歴史もある。ロシアの文豪マクシム・ゴーリキーは 1906 年にコニーアイランドを「残酷さと危険に満ちた華麗な場所」と評した。1960 年代にコニーアイランドは人種差別暴動の舞台になった。現在のコニーアイランドの演出家ディック・ジグン氏はショー・パレードの責任者で、2 つの遊園地のうちの一つ「アストロランド」の広報担当である。ジグン氏は「見せ物小屋としてのコニーアイランドにこだわる」「ここは米国中のグロテスクを集めた魔法の空間。この伝統を壊されたくない」「ここには人間臭さが満ちている。おぞましさも、猥褻さも無秩序も残っている」とコメントした。コニーアイランドの 2 つの遊園地では、「さあさあ、タトゥーコンテストの始まりだ」「伝統の美女のワイン風呂ショーは 9 時からだよ」「人間ポンプにひげ女、火吹き男に蛇女。あなたの知らない世界が待っている」など猥雑で下品な客寄せが行われる。ジグン氏は「ディズニーに代表される新しいタイプのテーマパークは、それらを消毒し、規格化した」とディズニー文化を批判する[16]。

3. 既存研究：ビーチリゾートから遊園地の産業集積に

　コニーアイランドのアメリカ史分野における研究として、Kasson（1978）『AMUSSING THE MILLION』（邦訳『コニー・アイランド—遊園地が語るアメリカ文化』）が挙げられる。ここではアメリカ文化の歴史的変遷としてコニーアイランドが描かれており、その経営についてはほとんど触れられていない。同書から少ない情報を拾い集めると次のようになる。

　コニーアイランドは 19 世紀初頭に観光客を誘致し始め、1829 年に最初のホテルであるコニーアイランドハウスが建てられた。その後、徐々にレストランや海水浴のための更衣室、酒場などが建てられた。ニューヨークから一歩引いた快適な場所なの

---

[15] 2007/10/01 産経新聞　東京朝刊 6 頁「【ブルックリン物語】(3) 郷愁誘うリゾート地「東のラスベガスは不要」」
[16] 1997/08/26 東京読売新聞　夕刊 12 頁「NY・コニーアイランド"魔法の空間"に再開発の波　一部施設が廃止の危機」

で、海辺の人里離れたリゾート地を求める富裕層を引き寄せた。1860 年代になると、コニーアイランドの西端にあるノートンズポイントは賭博師（**ギャンブル**）、詐欺師、スリ、マフィア、**売春**婦などの溜り場となり、彼らは観光客相手に商売した。南北戦争（1861～1865 年）後の 10～20 年間に、投資家たちが観光地としてのコニーアイランドの可能性に目をつけ、投資し始めた。ビーチ開発を始めたものの、依然としてコニーアイランドの中枢は最初のホテル、コニーアイランドハウス周辺だった。業者たちは、富裕層狙いより大衆狙いになり、大衆向けホテルを増やし、収容能力を上げていった（Kasson, 1978, 邦訳 35-42 頁）。

　1890 年代に入ると、コニーアイランドは汚れたイメージを払拭し始めた。1895 年からジョージ・C・ティルユーという実業家たちが新しい娯楽施設を考案し、遊園地に設置するなど、協力してコニーアイランドをレベルアップさせた。これらの遊園地は相次いで頭角を現し、互いに競争し合うようになった。最初、「シーライオン・パーク」という遊園地に、水上滑り台「シュート・ザ・シューツ」がポール・ボイトンによって設立された。1897 年に「スティープルチェイス・パーク」がジョージ・ティルユーによって設立された。ティルユーがコニーアイランドに連れてきたフレデリック・トンプソンとエルマー・ダンディの 2 人がボイトンからシーライオン・パークを買い取って、1903 年までに「ルナパーク」という豪華な娯楽施設に変えた。トンプソンとダンディの成功に刺激されて、最後の挑戦者、ウィリアム・H・レイノルズが「ドリームランドパーク」をルナパークの向かいに開園した（Kasson, 1978, 邦訳 43-44 頁）。

　1900 年前後に設立されたコニーアイランドの遊園地は新聞等で報道され、すぐに全米で知名度を上げた。コニーアイランドを変えるにあたり、これらの遊園地の設立社たちは改革者としての情熱よりも金銭欲に駆り立てられた。彼らは「行儀が良すぎても悪すぎても金にならない」ということを発見した。つまり「健全な娯楽」が求められた。その頃、ニューヨークでは人口が急増し、豊富な娯楽が必要になっていた。1900 年前後には、娯楽産業は中流階級からも人気になった。大半の労働者階級は年収約 600 ドルで、1 日 10 時間弱、週 6 日、レイオフ（一時解雇）が無ければ年間 52 週働き、娯楽を購入できるようになっていた。主として家族の誕生日、結婚記念日などがレジャーの中心だった。当時の娯楽産業は、ダンスホール、ミュージックホール、劇場、ボードビル劇場、映画館、遊園地などだった（Kasson, 1978, 邦訳 44-46 頁）。

　コニーアイランドの遊園地は 5 月から 9 月の初めまで営業した。夏季に客が殺到し、1 日に 20 万人、1 シーズンに有料入場者 500 万人になった。この時代のアメリカ史上最大規模のリゾート地になった。あらゆる階級の人が客として訪れたので、コ

ニーアイランドでは客の経済力に合わせたサービスを提供した。例えば、1905 年に
スティープルチェイス・パークは 25 セントで 25 回乗れる回数券を発行し始めた
（Kasson, 1978, 邦訳 48-49 頁）。

　1900 年前後に登場した三大遊園地は、スティープルチェイス・パーク、ルナパー
ク、ドリームランドパークである。1902 年のシーズン後、トンプソンとダンディは
ティルユーの元を離れて、独自に遊園地を創設し、スティープルチェイス・パークの
ライバルになった。彼らはポール・ボイトンのシーライオン・パークを買い、人造湖
と人気アトラクション以外の娯楽施設を壊して、コニーアイランド史上最も野心的
な娯楽施設であるルナパークを建設した。1903 年 5 月の初開場には約 4.5 万人の客
が来た。この頃、ルナパークの入場料は 10 セントだった（Kasson, 1978, 邦訳 75-
81 頁）。

4. コニーアイランドの大まかな歴史

　続いて、ハート・オブ・コニーアイランドという組織がコニーアイランドの歴史を
調査して HP[17]で公開している。そこには 1880 年代頃からの動向が写真とともに公
開されている。

上流階級向けエリアと労働者階級向けエリア

　それによると、コニーアイランドは 1880 年からの 20 年間に急速に進化した。
1880 年のシーズン開始時にコニーアイランドには 3 つの新しい主要な高級リゾート
が形成された。シービーチパレスやアイアンタワー などがフィラデルフィア 100 周
年博覧会からコニーアイランドのウェスト・ブライトンエリアに移設された。ウェス
ト・ブライトンの地元政治家と鉄道業界や銀行業界とつながりのある数人の裕福な
実業家が、ウェスト・ブライトン、ブライトンビーチ、マンハッタンビーチを急速に
開発した 。彼らはビアガーデン、世界初の近代的なジェットコースター 、エレファ
ントホテル等を設立した。労働者階級と中流階級はブライトンビーチ西部で、中流階
級の上と上流階級はブライトン東部またはマンハッタンビーチで休暇を過ごした。
1900 年頃にはコニーアイランドはニューヨーカーにとって主要なビーチリゾートお
よび日帰り旅行先として確立されていた。1903 年にルナパークがオープンし、コニ
ーアイランドの名前を広めた。夜にライトアップされる様子から海沿いの電気都市
として知られ、米国および世界中で何百もの模倣パークが現れた。この頃がコニーア

---

[17] WWW.HEARTOFCONEYISLAND.COM, Coney Island History, 2023 年 8 月 13 日ア
クセス https://www.heartofconeyisland.com/coney-island-history-crash-course.html

イランドの最盛期だった。1920 年に新しい地下鉄が開通し、5 セントでコニーアイランドに行けるようになった。交通の便が良くなったものの、混雑した公共のビーチになった。

　この頃、ウェストブライトンに次の遊園地があった。これらの遊園地の成功でコニーアイランドは有名になった。アシカパークは 1895 年オープンで、門で囲われたパークに入るのに入場料を徴収するシステムの先駆けになった。1897 年に障害物競走パークが開業した。伝説となったルナパークは 1903 年にシーライオンパークの向かいに開業し、その革新的なデザインが遊園地の概念に革命をもたらした。1904 年にはドリームランドがオープンした。

ルナパークの創業者、トンプソンとダンディの栄枯盛衰

　同組織[18]によると、ルナパークの創業者はトンプソンとダンディの 2 人である。コニーアイランドの中心であるルナパークは、アメリカ史上最も影響力のある遊園地で、ディズニーランドと並んで有名である。両氏は想像力、仕事への情熱、リスクを冒す意欲を持ち、建築業界とエンターテイメント業界で成功した。1903 年にルナパークがオープンし、コニーアイランド全体と欧米のアミューズメント業界に革新的な影響を与えた。

　トンプソンは 1872 年にテネシー州ナッシュビルで生まれ、建築家として訓練された。トンプソンには並外れた芸術的才能とマーケティングの才能があるものの、財務には慎重さが無かった。ダンディは 1862 年にネブラスカ州オマハで生まれ、資金調達の才能に優れた聡明なビジネスマンだったが、芸術的な才能はなかった。トンプソンとダンディは 1898 年に、オマハ万国博覧会（トランスミシシッピ博覧会として知られる）で初めて会った。ダンディはネブラスカ州の大学を卒業後、地元で父親が裁判官を務めていた連邦裁判所に法務事務官として就職した。トンプソンはロルテアのショーの建築物の設計に雇われ、また失敗に終わった地下坑道の乗り物をダークネス・アンド・ドーンというショーに作り直した。2 人は 1903 年 5 月 16 日に月をイメージした遊園地「ルナパーク」を開業した。オープンの夜、日没に 25 万個のライトがすべて点灯し、湖、小川、塔、小道等が現れた。集まった 6 万人の群衆は目を疑った。電球があまり使われていなかった時代、ルナパークには多数の電球があり、夜になると光った。約 50 の建物があり、39 のショーを開催するルナパークの**建設費は推定 150 万ドル**だった。トンプソンとダンディは全資産をルナパークに投資し

---

[18] WWW.HEARTOFCONEYISLAND.COM, Coney Island History, 2023 年 8 月 13 日アクセス https://www.heartofconeyisland.com/coney-island-history-crash-course.html

た。ルナパークの最盛期は 1903〜1911 年頃となった。トンプソンはルナパークをニューヨーク万国博覧会で宣伝した。ルナパークの中心にある遊園地にある 3 つの主要な新しいショーは「海の上 (Over the Sea)」「海上 (On the Sea)」「海の下 (Under the Sea)」の模擬旅行で、これらの宣伝に力を入れた。どのショーも当時としては前例のない技術的な革新だった。ルナパークにはドイツ、アイルランド、ハワイ、ヴェネツィア、フィリピン、インド等に関する展示が行われた。高級レストランなども充実させた。夜には世界最大のボールルームと謳われたルナズ・グランドカジノが開催された。

　ルナパーク開業からの 4 年間（1903〜1907 年）、トンプソンとダンディはニューヨークのエンターテイメントシーンで支配的な勢力を誇った。彼らは演劇事業に参入し、マンハッタンの 43 番街と 6 番街に世界最大の屋内劇場の 1 つである巨大なヒポドロームを建設した。毎年ルナパークは新アトラクション等を追加した。ルナパークは遊園地の代名詞となり、ルナパークを名乗る何百もの模倣遊園地が世界中の都市に出現した。

　しかしながら、トンプソンとダンディの死去でルナパークは衰退することとなった。ダンディは 1907 年 2 月 5 日に突然肺炎で亡くなった（享年 45 歳）。ルナパークは次のシーズンに向けて 6 つの新アトラクションを計画していた。ダンディの死後の 5 年間、ダンディが監視しないため、トンプソンはルナパークと私生活の両方で支出をコントロールできなかった。新婚のトンプソンは、若い妻である歌手で女優のメイベル・タリアフェロを愛しすぎて、理性を失っていた。妻を豪華なバカンスに連れて行き、自身がプロデュースする主要な演劇作品の主役に妻を抜擢した。しかしトンプソンは 1911 年に妻と離婚し、精神的ショックの上に経済的に困窮したため、1912 年にルナパークを債権者に譲渡した。トンプソンは名目上管理者を継続したが、すぐにサンフランシスコへ向かい、トイランドという遊園地の設計と建設を行った。しかしすぐに第一次世界大戦が始まって、世界的に遊園地需要は減り、トイランドは成功しなかった。トンプソンは 1919 年に亡くなった（享年 47 歳）。その後、ルナパークは輝きを失って経年劣化し、1944 年に残っていた数少ないオリジナルの乗り物の 1 つ「ドラゴンズ・ゴージ」が火災に見舞われ、ルナパークは炎上した。

5. 大規模改修で人気復活

　ここでは 2000 年前後から現在までのコニーアイランドの動向を見てみよう。

大規模改修するもディズニー以前の文化を継続

　1997 年 8 月、コニーアイランドは大規模な再開発を始めた。無菌で人工的な快適さを求める風潮の中、「ディズニー的な、人間社会の毒も混沌も消し去るような再開発計画」への警戒心が関係者にあった。コニーアイランドの演出家ディック・ジグン氏はあえて「見せ物小屋としてのコニーアイランド」にこだわり、「ここは米国中のグロテスクを集めた魔法の空間。この伝統を壊されたくない」とコメントした。ジグン氏はショーやパレードを管理監督し、2 つの遊園地のうちの一つ「アストロランド」の広報担当者でもある。同氏は再開発に不安を抱く。「娯楽施設拡大には賛成だが、壁で周りを覆う醜いショッピングモールが出現し、ブルックリンのエッフェル塔と言われたパラシュートジャンプやサンダーボルト・ローラーコースターの遺構解体には反対。見せ物小屋の撤去など問題外」と述べた。再開発計画が浮上したのは 1995 年で、民間開発会社とニューヨーク州・市、地元ブルックリン区が総額 1.7 億ドルをつぎ込み、1.3 万人収容の多目的スポーツ施設や VR 館、映画館などを、3.7 万平米の市有地に建設するというもので、現存する遊園地施設の再配置や一部廃止が必要となる。早ければ 1998 年中に着工し、2000 年に一部完成する計画だった。ジグン氏は「米国でのコニーアイランドと『ディズニー的なるもの』との対立は 1980 年代に鮮明になった。多文化主義対共和党原理主義という構図だ。私は目の前にある多文化主義を守る」と述べた。最盛期に 20 街区を占めた遊園地は、1960 年代の低所得者層向けアパート建設で 3 街区に縮小された。しかし、ひと夏に 1500 万人が訪れる人気リゾート地である。なお、ジグン氏はエール大学院で演出学を修め、沈んだコニーアイランドを 17 年がかりで立て直した人物である[19]。ここから、下世話な大衆文化のコニーアイランドと上品で優等生的なディズニー文化の対立があることが分かった。

NY オリンピック候補地、ディズニーがテーマパーク新設の噂

　2001 年にコニーアイランドにマイナーリーグの球団「A1 ブルックリン・サイクロンズ」が誕生したのがきっかで、新球場をはじめ新施設が次々に建設されていた。マンハッタンから地下鉄で 1 時間弱、1.5 ドル（約 180 円）で行ける。夏場には地元住民がビーチや遊園地に多く集まる。しかし、駅周辺や通りにごみが目立ち、寂れた印象だった。観光客を呼ぶため、老朽化した地下鉄駅舎の全面改築工事が 2002 年に始まった。ニューヨーク水族館では建物の一部を拡張し、ビーチの遊歩道を整備し

---

[19] 1997/08/26 東京読売新聞　夕刊 12 頁「NY・コニーアイランド“魔法の空間”に再開発の波　一部施設が廃止の危機」

た。地元住民は「50年ほど前から低所得層向けの高層アパートが多く建てられた。今はだいぶ良くなったが、1970年以降は治安が悪化した」と言う。ニューヨーク市は再開発の一環として治安の改善に取り組み、複数の警官が駅に常駐する。家具店、装飾品店などが立ち並ぶガード下を取り壊し、レストランや宿泊施設を建てる。ニューヨーク市は2012年夏季オリンピックの開催地の有力候補に挙がっていた。招致が実現すればコニーアイランドは会場の一部となり、再生に拍車がかかる。ディズニーがここに新テーマパークを検討しているとの噂も流れ、注目されていた[20]。

トール社が2000億円で再建計画

2007年夏、コニーアイランドは地元開発業者、トール・エクィティズ（以降トール社）に一部買収され、再建計画されていた。トール社は夏季だけ営業していたコニーアイランドを、通年で楽しめる大型複合施設に生まれ変わらせる総額約20億ドル（約2000億円）の再建案を発表した。その内容は、最新技術を駆使したジェットコースター、ショッピングモールと劇場、高級ホテルだった。しかし「持ち味が失われる」「地価が上がり貧しい住民が締め出される」と再建案に反対もあった。同社は批判に対し「失業率10.6%はブルックリンの他地域の2倍近い。開発で年間を通じた職場ができるから雇用創出になり、地域が発展する」とコメントした。再建案を支持したジグン氏も周辺ビルの保存をめぐりトール社と対立した。他の反対意見は「変化が必要なのは分かっているが、コニーアイランドはただの娯楽施設でなく地域社会。第2のディズニーランドはいらない」などである[21]。

6. 考察
コニーアイランドとは歌舞伎町のような歓楽街と遊園地の融合

以上の情報をまとめると次のようになる。

コニーアイランドには1900年前後にスティープルチェイス・パーク、ルナパーク、ドリームランドパーク、アシカパークなど複数の遊園地ができ、ルナパークが圧倒的な成功を収め、1950年代まで人気のピークだった。コニーアイランドは成人男性向けの下品でパワフルな歓楽街で、下品なショーが遊園地を舞台に行われている。歌舞伎町のような街と考えていいだろう。ただしコニーアイランドの一部は上流階級向

---

[20] 2002/08/30 日本経済新聞　夕刊5頁「行楽地再興、NYコニー・アイランド──新球団に新球場、駅周辺の再開発。」

[21] 2007/10/01 産経新聞　東京朝刊6頁「【ブルックリン物語】(3)郷愁誘うリゾート地「東のラスベガスは不要」」

けの高級リゾート地として開発された。それがマンハッタンから地下鉄で 1 時間弱のところにあるので、日本でいうところのお台場のような存在である。お台場エリアの一部が上流階級向けの高級リゾート地となり高級ホテルを擁し、それ以外のエリアは労働者階級の男性向けの下品でパワフルな歓楽街、と考えていいだろう。

　お台場ではこれまでに娯楽施設として東京ジョイポリス、レゴランド・ディスカバリーセンター東京、実物大ユニコーンガンダム立像、イマーシブフォート東京、ショッピングセンターとしてヴィーナスフォート（2022 年閉館）、博物館として日本科学未来館、船の科学館など上品で正統派のエンターテイメント施設がある。高級ホテルとして、グランドニッコー東京お台場、ヒルトン東京お台場などがある。お台場に下品な歓楽街はない。その点でお台場のエンターテイメント施設はコニーアイランドとは異なる。

ディズニーランドとコニーアイランドの関係性

　コニーアイランドは 1950 年代まで隆盛を誇り、1960〜1970 年代に低迷して最悪な状況に陥った。一方、ウォルト・ディズニー（以降ウォルト）は第二次世界大戦後の 1947 年頃からディズニーランドの計画を練り始め、欧米の娯楽施設や集客施設を訪問して見学し、1955 年 7 月にロサンゼルス郊外のアナハイムにディズニーランドを開業し、大成功した。両者はニューヨーク郊外とロサンゼルス郊外で両立したと推測できる。コニーアイランド（東海岸）の客が西海岸のディズニーランドに取られたとは考えにくい。ウォルトは「我が社の顧客は女性」とし、後に「我が社の顧客は女性とその家族」と定めた。さらに家族全員が一緒に楽しめる娯楽を「ファミリーエンターテイメント」と名付け、家族全員が楽しめることをコンセプトとした。ウォルトは恐らくコニーアイランドのように大人の男性向けの下品な娯楽と一線を画すエンターテイメントを指向したのだろう。ディズニーランドが成功したことに影響され、他のテーマパークも家族全員で楽しめる健全な昼間のレジャーと変わったのだろう。

ルナパークの創業者 2 人はディズニー兄弟のような組み合わせ

　コニーアイランドはルナパークの成功で知名度を高めた。ルナパークの創業者は二人組の経営者である。トンプソンは建設業で設計する仕事から遊園地の建設事業に参入した。芸術とマーケティングの才能があり、成功してから若い女優と結婚したことから、派手でイケイケな成金経営者だったと推測できる。1872 年生まれなので、アメリカの高度成長期に重なっており、努力すれば拡大均衡に乗って成功した。一方のダンディは 1862（文久 2）年という日本で言う江戸時代末期に生まれたのに、大

卒という高学歴で、財務をメインとするビジネスマンである。財務の能力は高いが芸術的な才能はない。この2人はディズニー兄弟に似た組み合わせである。ウォルト・ディズニーは兄ロイ・ディズニーと二人組の経営者だった。弟ウォルトに芸術とマーケティングの才能があり、兄ロイは財務、経理、法務、広報、営業等を担当した。片方に芸術やマーケティングの才能があり、もう片方にそれらの才能は無いが堅実なビジネスマンである場合、前者が異常に目立つ。後者は脇役と化す。派手なプレイヤーと地味なプレイヤーの二人組である。

A級テーマパークとB級テーマパーク

　アメリカの映画業界にはA級映画とB級映画がある。A級映画は高予算で大物の監督、プロデューサー、俳優、カメラマン等のスタッフで挑む大作である。それに対してB級映画とは低予算で新人の監督、プロデューサー、俳優、スタッフが短期間に撮影する映画である。ここからとって筆者は次のように定義する。A級テーマパーク（および遊園地）とは大企業が大規模な予算で高品質で上品なコンテンツを提供するテーマパーク、B級テーマパーク（および遊園地）とは中小企業が中小規模の予算で低品質なコンテンツを提供するテーマパークである。低品質なコンテンツを有するテーマパークはアジアの新興国に多い[22]。中小企業が中小規模の予算を投じたとしても、コンテンツの質が高ければB級ではない。筆者はB級テーマパークを否定していない。日本では「B級スポット」と呼ばれる観光施設が一定の人気を得ている。ジグン氏は「コニーアイランドは人間臭く、おぞましく、猥褻、無秩序」と言う。B級テーマパークはそれらを楽しむというコンセプトである。映画ではB級映画ファンは一定数いる。映画関係者にとっては、B級映画で成功するとA級映画に参入できるので必要な修行である。

「ディズニーランド以前」と「ディズニーランド以後」

　ジグン氏の発言内容から推測し、筆者は「ディズニーランド以前」と「ディズニーランド以後」と定義する。アメリカの「ディズニーランド以前」の遊園地は下世話、下品、清掃が手抜きで、顧客志向とホスピタリティ志向が弱かった。それに対して、ウォルト・ディズニーは家族全員で楽しめるエンターテイメントとして健全なコンテンツを提供し、さらに顧客志向、ホスピタリティ志向で清掃が行き届いた清潔なパ

---

[22] 新興国のB級テーマパークには、例えばタイの「地獄寺」こと「Wat Phai Rong Wua」がある。Tourism Authority of Thailand, Wat Phai Rong Wua, 2024年3月17日アクセス https://www.tourismthailand.org/Attraction/wat-phai-rong-wua

ークに変えた。ディズニーランドの大成功で他のテーマパークもディズニーのような優等生型のテーマパークとなり、下品さや猥雑さが消えた。この現象を「ディズニーランド以後」と定義する。

現在の演出家ジグン氏
　ジグン氏のHP[23]によると、ジグン氏は名門イェール大学で演劇学を専攻し、修士号を取得した。同氏のHPやX[24]（旧Twitter）で写真を拝見すると、まさに「高学歴界の派手担当」である。テーマパーク業界には高学歴かつ派手な人材が多いので、筆者は前著（2021b）でこのような人材を「高学歴界の派手担当」と定義した。筆者はこれまでテーマパークのプロデューサー等の研究をしてきて、美術学部や演劇学科の出身者は非常に個性が強く、日本人が言う「普通の人」に該当しないことが分かった。ジグン氏はコニーアイランドを美術学生の作品発表の場にして、芸術家として売れるチャンスを与え、新人アーティスト育成を行なっているようである。

7. まとめ
　本章では、ディズニーランド以前のアメリカ最大の遊園地、コニーアイランドの誕生からの経緯と現状を考察した。
　本章の貢献は、日本で初めてコニーアイランドの歴史と現状を明らかにしたことである。本校の限界は、資料が限られており、ここまでしか分からなかったことである。
　コニーアイランドはマンハッタンから地下鉄で1時間弱で到着するという好立地なので、一時的に衰退したとはいえ、努力で復活が可能だった。この立地の観光地が不人気ならば、低所得者向け高層マンションに変えられるのも頷ける。低所得者が多く住むエリアとなれば途端に治安が悪化し、さらに客足が遠のく悪循環に陥る。しかし美術と演劇の発表の場として復活した。権力のない人の地道な努力による地域活性化となった。

---

[23] The New York Preservation Archive Project, Dick Zigun, 2024年3月1日アクセス
　https://www.nypap.org/oral-history/dick-zigun/
[24] Dick Zigun, X, @DickZigun, 2024年3月2日アクセス

短編1　西海岸の老舗遊園地、ナッツベリーファーム

1. はじめに

　ロサンゼルスの郊外のオレンジ郡にナッツベリーファームという老舗テーマパークがあり、人気を博している。ディズニーランドから約6キロ離れたところにあり、人口密集地にある。ナッツベリーファームに関する情報は、オレンジ郡歴史研究会（Orange County Historical Society）による調査報告がHPに掲載されている。同パークの公式HPの「History」では同パークの歴史が公開されている。研究者による同パークの研究は行われていないようである。

　本編では、同研究会を参考にナッツベリーファームの1940年代までの歴史を、ナッツベリーファームHPの「History」を参考に同パークの1950年代以降の歴史をまとめる。

2. オレンジ郡歴史研究会によるナッツベリーファームの歴史（1940年代まで）

　オレンジ郡歴史研究会HP[25]に同パークの1950年代以降の歴史が掲載されている。同研究会は同パークの歴史を5期に分けていないが、筆者が分かりやすいように第1期から第5期に分ける。

第1期：砂漠の農園で農業

　ウォルター・ナットは1889年にサンバーナーディーノで生まれた。彼の父はメソジスト派の牧師で、ローズバーグ（現在のラ・バーン）にオレンジ畑を所有していた。ウォルターの母、マーガレット・ヴァージニア・ナット（1866～1954）は開拓者の家系出身である。1896年にウォルター（当時6歳）の父が亡くなり、母と弟エルギン（当時4歳）は経済的に困窮し、オレンジ畑を売却し、ポモナに引っ越した。ウォルターは10歳で近所の空き地を借りて野菜を栽培し、訪問販売を行った。数年後、ポモナ高校で恋人、コーデリア・ホーナデイ（1890-1974）に出会った。1908年、ウォルターは高校を卒業し、豊かな農地で仕事を見つけるためにインペリアルバレーに向かい、1年後に彼といとこはコーチェラバレーに20エーカーの土地を借りて野菜を栽培し始めた。ウォルターは1910年にポモナに戻り、地元の請負業者に就職

---

[25] Orange County Historical Society, Breaking New Ground The Early Years of Knott's Berry Farm, 2023年8月22日アクセス
https://www.orangecountyhistory.org/wp/?page_id=251

した。彼は帳簿係のはずだったが（後年私は「世界で最も貧しい簿記係」だったと語っていた）、最終的に建設現場監督になった。ウォルターはポモナに家を建て、1911年にコーデリアと結婚した。1913年に第一子ヴァージニアが生まれた。ウォルターは新たな仕事を求めて、1914年に家族でモハベ砂漠のニューベリー・スプリングス近くの農場に引っ越した。乾燥した砂漠の谷で農業はほぼ不可能と判明したので、コーデリアがレンガ造りの小さな家に残って子供（1916年生まれのラッセルと 1917年生まれのレイチェル）の世話をして、ウォルターは他の街で働いた。1916年、ウォルターは有名な砂漠の鉱山の町キャリコで銀を採掘する仕事に就いた。1917年に彼は郡の道路の建設作業員と砂漠を横切る新しい高速道路を建設し、それが後にルート66となった。ウォルターは自分の農園を確立するまでの3年半の苦労が実り、州から160エーカー（約64ha）の土地を譲り受け、その後一生その土地を所有した。ウォルターは農家になるために、ポモナで以前の請負業務を断り、新事業に着手した。彼のいとこの紹介でサクラメントの牧場で小作人になった。その土地はそれほど生産的とは考えられていなかったが、ウォルターは働き始め、すぐに牧場労働者全員を養うだけでなく、町で売るための余剰作物を手に入れた。コーデリアは手作りのキャンディーを作って販売することで家族の収入を補った。3年間の懸命な労働で、彼らの銀行預金は2500ドルに達した。子供たちが大きくなったので、ウォルターはより良い学校のある、大きな町で新しい仕事を探した。

第2期：農業のプレストン＆ナット社創業

　別のいとこ、ジム・プレストン（1874-1958：母の姉の息子）とウォルターはパートナーとして、ブエナパークで一緒にベリーを栽培することになった。2人はプレストン＆ナット社を創業し、グランドアベニュー沿いに20エーカーの土地をリースした。1920年12月頃、ナット一家はシャンドンからブエナパークに引っ越した。1922年に末娘マリオンが生まれた。ジム・プレストンが上級パートナーで、ウォルターが現場で仕事をした。プレストン＆ナット社の最初の年は、被害をもたらす霜に見舞われた。第一次世界大戦後の1922年に、アメリカ全土が農業不況に陥り、価格が下落した。ウォルターはより多くの収入をもたらす方法を探し、1923年頃、小さな道端の屋台でベリーを一般向けに直接販売し始めた。同社は台木を他の生産者に販売するカタログ事業も始めた。1924年までに同社はブラックベリー、レッドラズベリー、ストロベリー、デューベリー、ローガンベリー等、合計35エーカー（約14ha）を所有した。1927年までに同社は果物と根茎の両方を南カリフォルニア、アリゾナ、ニューメキシコ全域で販売するようになった。

第3期：飲食業に多角化して成功

　1927年、ブエナパークの賃貸契約が終了し、同社は提携関係を解消した。ジム・プレストンはノーウォークに移り、新しいベリー畑を始めた。ウォルターはブエナパークに残る決意をした。1920年代のオレンジ郡の石油ブームで地価が高騰していた。ウォルターは自分の農場を所有すると決意し、1927年から1928年の冬にかけてグランドアベニュー沿いに新しい建物を建て、裏手に家族の住む家を建てた。高さ80フィートの漆喰の建物には、南端に保育園、中央にベリー市場、北に20席を備えたティールームがあった。このティールームは、コーデリアが収穫期にサンドイッチ、焼きたてのロールパンとジャム、ベリーパイ、アイスクリームを販売する場所で、自宅のキッチンとつながる。ナット家の子供は全員、家業を手伝った。娘たちはティールームで母の手伝い、息子はベリーの仕事をした。子供全員に仕事の対価が支払われた。1928年に新生ナッツベリープレイスが営業を開始した。ウォルターは事業を展開することを決意し、1920年代半ば、リバーサイド郡郊外のノーコーに土地を購入した。そこで彼はナットナーサリーを建設し、作物を扱う2つ目の小売店を追加した。しかし世界恐慌が起こり、ウォルターは数年でノーコーのスタンドを諦めた。農作物の価格は下がり、売り上げは低迷、地価は急落した。彼が1エーカー当たり1500ドルで買うと約束していた土地は**1エーカー（約4000平米）約300ドル（約3万円）**になった。しかしウォルターはさらに事業を拡大し、隣接する土地を借り、さらに土地を購入した。1930年代初頭の大恐慌の時も、彼はナッツベリープレイスの宣伝費を計上し、新聞、雑誌、ラジオで広告した。

第4期：フライドチキン販売が人気を博して待ち時間対策に展示物設置

　世界恐慌が長引き、資金が逼迫するも、集客のため、コーデリアは自家製フライドチキンのディナーを提供した。コーデリアはレストランを経営したかったわけではない。すべての調理は彼女の自宅のキッチンで行われた。彼女の「スペシャル・サザンチキン・ディナー」がメニューの中で唯一のメインディッシュで、サラダ、ドリンク、デザート等が付いて65セントだった。その後すぐにハムが追加された。しかし、ほとんどの人がチキンを食べたいようだった。小さなティールームは拡大され、最初40席になり、さらに30席のパティオエリアに広がった。1937年に2つの新しい部屋が建設され、本格的なキッチンが追加され、合計225席になった。当初、ティールームはベリーの季節のみ営業していたが、1937年に通年営業することにした。その年の収穫期には、冬の間ずっとパイを確保するために、数千ポンドのボイセンベリーが冷凍された。1938年のレストランの最初の通年営業中に、26.5万食以上のチキ

ンがディナーとして提供された。コーデリアのキッチンには従業員 35 人、娘たちは従業員 55 人を管理した。同年、さらに 2 つのダイニングルームが追加され、400 席になった。新聞、ラジオ、口コミがナッツベリープレイスを有名にした。客が増え、列が通りに伸びるにつれ、長い待ち時間に客を飽きさせない方法を探した。1938 年初頭に建物の西側に古いトラクターのポンプを動力源とする滝のある石庭を追加した。ラッセル・ナットは石庭の隣に砂漠を旅して集めた蛍光鉱物を展示した。別の部屋にはアンティークオルゴールのコレクションを展示した。1939 年に建物の西側に新しい棟を新築した。ただし、それは美しくない景観だったため、モハベ砂漠から運び込まれた 18 トンの火山岩で作られた火山に、蒸気を発生させるボイラーと音響装置が設置された。その周りにジョシュアの木やサボテンが植えられた。1941 年頃にはナッツベリープレイスは展示物を増やし拡張し、道路沿いの名所になっていた。

第 5 期：エンターテイメント施設拡張

ウォルターは西部開拓時代に魅了されていた。1868 年に屋根付きのワゴンで砂漠を横断した祖母、ドハティの話を聞いて影響されたからである。ウォルターはその話を新しい世代のアメリカ人に伝えたかった。1915 年、サンフランシスコで開催されたパナマ・パシフィック国際展示会で、ウォルターとコーデリアは様々な展示を見た。開拓者たちの物語も伝えたいと思うようになり、西洋のゴーストタウン全体をナッツベリープレイスで再現したくなった。「ゴーストタウン・ビレッジ」の工事は1940 年に始まった。当初、ウォルターは建設に 6 ヶ月から 1 年かかると考えていたが、実際 20 年近くかけて建築した。彼はゴーストタウンを面白くて教育的なものにしたかった。ゴーストタウンのアイディアがまとまった頃、ポール・スワーツという若いアーティストがナッツベリープレイスに到着し、待っている客のためにシルエットをカットして少しでもお金を稼ごうと考えた。彼はウォルターのゴーストタウンに対する熱意を理解し、設計と建設に参加した。ウォルターは男性たちを派遣し、何ヶ月もかけてカリフォルニア中をドライブし、古い納屋、ベビーカー、工具、家具、ドア、窓枠などゴーストタウンに合うものを買い集めた。スワーツは調査を行い、回収された材料を中心に建物を設計した。ウォルターは 1942 年に「私は数日間休暇をとる機会があるたび、西部のゴーストタウンを訪れる。私たちはここナッツベリープレイスでゴーストタウンを再建するための材料を探す」と述べた。最大の建物は 2 階建てのホテルで、ゴールドトレイルズ、またはオールドトレイルズホテルとして知られている。建物が増えるにつれて、木彫り師のアンディ・アンダーソンは手彫りの木彫りの像を建物に配置した。ゴーストタウンの建設と同時に、農場で作られたレンガ

を使って2つの日干しレンガの建物が建てられた。1つ目はアーティスト、パウル・フォン・クリーベンのスタジオ、2つ目の日干しレンガは「湖畔の小さな礼拝堂」（現在は無い）で、フォン・クリーベンの最も珍しい絵画の1つであるイエス・キリストの肖像画を展示するために建てられた。イエス・キリストの肖像画は、ブラックライトを点灯するとキリストの目が見えるように特別な蛍光塗料で描かれた。すぐにポール・フォン・クリーベンがポール・スワーツに代わってゴーストタウンのアートディレクターに就任した。ウォルターは彼を称賛し、「ゴーストタウンの成功の多くはポールのおかげ」と言う。1941年半ばまでにゴーストタウンの一般公開の準備が整い、7月にウォルターは新聞や雑誌『ゴーストタウン・ニュース』で大規模な広告宣伝を開始した。1942年2月22日に「屋根付きワゴンショー」が初めて一般公開された。ゴーストタウンの他の作品と同様、事前に録画された3分間のプレゼンテーションは無料で公開された。ナッツベリープレイスは農場から道路沿いの飲食店と展示物、そしてテーマパーク「ナッツベリーファーム」に変わった。

3. ナッツベリーファームのHPにある同社の歴史（1950年代以降）

　ナッツベリーファームの公式HP[26]に同パークの1950年代以降の歴史がある。それを第6〜10期に分ける。同社は期に分けていないが、筆者が分かりやすいように期に分ける。

第6期：鉄道、ゴーストタウン等の追加で大規模拡張

　1950年代には、キャリコ・サルーン、ゴーストタウン&キャリコ鉄道（アメリカで最後に運行されている狭軌鉄道）、校舎が追加され、ゴーストタウンが大規模に拡張された。ゴーストタウンの建物の多くは作られたが、校舎は1879年に建てられた本物で、カンザス州から農場に移築された。ブートヒル墓地とバードケージ・シアターも追加された。1954年、ボードビルやメロドラマの公演のためにバードケージ・シアターがオープンした、10年後、ホーンテッド・シャックが追加された。ウェンデル・"バド"・ハールバットがナッツベリーファームに来て、乗り物を設計、製作し、歴史あるデンツェルのメリーゴーランドと、その後は車の乗り物を提供する同パークの利権者になるよう招待された。ハールバットとウォルターとの友情は深まり、多くの信頼と口約束で事業を推進した。ハールバットは人気を高める2つのアトラクション、キャリコマイン・ライドとティンバー・マウンテンログライドを建設した。

---

[26] Knott's Berry Farm, History, 2023年9月4日アクセス
https://www.knotts.com/blog/2020/april/the-history-of-knotts-berry-farm

ハールバットと彼のチームは、かつての荒々しく転げ回る鉱山労働者とともに洞窟を駆け抜けるキャリコマイン・ライドを作成し、1960年11月にオープンした。この乗り物は隠されたスイッチバック・キューを備えた史上初の乗り物でもあった。このゴーストタウンは以降のテーマパークのデザインの標準になった。（筆者注：この乗り物はディズニーランドのビッグサンダー・マウンテンに似ている。）

第7期：エデュテイメント要素のあるアトラクション導入

　エデュテイメントとはエンターテイメント（娯楽）とエデュケーション（教育）の複合語である。ウォルターは歴史と教育に基づいたアトラクションに対する情熱を持っていた。彼はマリオン・スピアーの巨大なウエスタン・トレイルズ博物館、モット家のミニチュア博物館、ボクシング選手ジム・ジェフリーズの納屋にあるボクシング博物館を導入し、別の大規模な教育要素、独立記念館の正確なレプリカを追加する計画だった。独立記念館は1966年7月4日に鳴り物入りでオープンし、今でもインスピレーションと教育の源となっている。1967年、ウォルターの末娘マリオンは父のゴーストタウン運営を手伝い始めた。1941年以来、宿泊客はゴーストタウンエリアに入場料無料とし、乗り物や商品販売に料金を支払うようになった。しかし、1968年までに公園を囲い込み、入場料を1ドル徴収するようになった。1969年、マリオンはナッツベリーファームを拡張し、単なるゴーストタウンという考えを脱却すると発表した。初期のカリフォルニアにインスピレーションを得た新テーマランドは、フィエスタ・ビレッジと名付けられた。フィエスタ・ビレッジ計画が進行中だった1969年7月、米国初の丸太のフリュームライドであるキャリコ・ログライド（現在のティンバーマウンテン・ログライド）がオープンし、カウボーイスターのジョン・ウェインが司会者を務めた。フィエスタ・ビレッジとキャリコ・ログライドの成功を受けて、マリオンは公園を拡張するために別のテーマエリア追加を検討した。ジプシーをテーマにすると決め、新エリアをジプシーキャンプと名付けた（1971年5月オープン）。マジックショップやゲームセンター、占い、洞窟の上に建てられた屋外コンサートステージが新設された。ゴーストタウンの屋外ワゴンキャンプは大物俳優を集めるには小規模すぎたため、マリオンはジプシーキャンプにジョンウェイン劇場を追加した。この新劇場（2150席）で1971年6月にウェインの映画『ビッグ・ジェイク』のプレミア上映会が開催された。その後、長年にわたり数多のエンターテイナーがコンサートを開いた。

第8期：ハロウィンイベント導入と成功

　毎年 10 月はパークの閑散期だったが、1973 年 9 月に「ハロウィンホーン」という 3 日間のイベントを思いついた。モンスターのメイクと衣装を着た従業員がゴーストタウンを走り回って客を怖がらせた。ホーンテッド・シャックは「モンスターメイズ」に変わった。成功したこのイベントは翌年も開催され、毎晩チケットが完売した。それ以来、テーマパークで最も長く続いているハロウィンイベントである「スケアリーファーム」は 1000 人のモンスターがパーク全体を取り囲むまでに拡大した。スケアリーファームが成功する中、小さなベリー農場を南カリフォルニアのシンボルに変えた女性経営者、コーデリアが 84 歳で亡くなった（1974 年 4 月 23 日）。スケアリーファームの成功とコーデリア追悼の頃、ジプシーキャンプは苦境に立たされた。1974 年末までに、マリオンはジプシーキャンプを改修し、「ローリング 20's[27]」というエリアに変えると発表した。旧西部のゴーストタウンを建設するため 1920 年代が選ばれた。マリオンはそれについて「父のゴーストタウンが両親の記念碑であったように、私たちは新エリアを父母の記念碑にしたい。狂騒の 1920 年代は彼らの時代だった」と説明した。ローリング 20's エリアは 1975 年 6 月 6 日にオープンした。テーマ変更の一環として、ジョンウェイン・シアターはグッドタイム・シアターに改名された。新エリアには世界初の 360 度回転するジェットコースターであるコークスクリューを備えたジェットコースターを導入した。ナッツ・ベア・テイルズ、スカイ・キャビン、ワッキー・ソープ・ボックス・レーサーなどのユニークなアトラクションを相次いで導入した。1970 年代のうちに 2 番目のジェットコースターが追加された。

第9期：家族経営からの脱却とスヌーピー導入

　1981 年、61 年間にわたる完全な家族経営を経て、ナット家は家族以外で初の社長兼 CEO としてテリー・ヴァン・ゴーダーを採用した。しかしマリオンや他のナット家のメンバーは経営に関与し続けた。同年末までに、同パークはクーポンブックの乗車券を廃止し、乗り物と入場料がすべて含まれたフリーパスに切り替えた。同年 12 月 3 日、92 歳の誕生日の 1 週間前にウォルターが亡くなった。

　1980 年代に同パークにスヌーピーとピーナッツ・ギャング（スヌーピーの仲間の

---

[27] The Roaring Twenties：「狂騒（または狂乱）の 20 年代」という意味。アメリカの 1920 年代の経済成長期で「古き良き時代」。1929 年の世界恐慌までの好景気の期間である。文化や芸術が発展し、女性の地位が上がった。酒場で飲み会やジャズなど大衆文化が発展した。

キャラクター達）が新たに加わった。1960 年には、イラストレーターのピート・ウィンターズが同パークのキャラクターアイコンを考案すると決まっていた。その結果、「オールドタイマー」という幸せな老探鉱者のキャラクターが生まれ、各種書類やチケットブック、同パークの看板などに登場した。1973 年、同パークはオールドタイマーを歩き回るキャラクターに変えると決定し、彼をホイットルズと名付けた。しかしホイットルズはうまくいかず、子供たちを怖がらせた、とラッセル・ナットは言う。このキャラクターの失敗は、同パークのアイコンと歩き回るキャラクターを模索することとなった。新しいアイコンを発掘して確保する任務を負っていたロン・ミザカーは、その頃、チャールズ・M・シュルツの漫画『ピーナッツ』の登場人物たちがスポンサー活動を行っていると知った。ミザカーはサンタローザでシュルツと会って交渉した。さらに 1980 年代に 2 つの新アトラクションが導入された。1990 年代にはブーメラン・ジェットコースターがコークスクリューのあった場所に導入された。次に「ミステリーロッジ」が導入された。「ローリング 20's」エリアは刷新され、南カリフォルニアのビーチの太陽、砂浜、海をイメージしてボードウォークと改名された。

第 10 期：シダーフェア社に会社売却

　1997 年、ウォルターとコーデリアの 78 年間の家族経営を経て、ナット家の子供や孫はナッツベリーファームをシダーフェア社（第 2 章）に売却した。

　1997 年にワッキー・ソープボックスレーサーに代わって新しいジェットコースター「ウィンドジャマー」が導入された。ミレニアム（西暦 2000 年）が始まる前には、コースターのシュプリームスクリーム、ゴーストライダー、そして米国初のサイクルコースターであるポニーエクスプレスなど、よりエキサイティングなアトラクションが追加された。2000 年、スヌーピーの作者、シュルツに敬意を表して、グッドタイムシアターはチャールズ・M・シュルツシアターと改名され、ピーナッツ・ギャングも登場するショーを続ける。ウィンドジャマーがエクセラレーターに置き換えられ、シルバーブレットとシエラ・サイドワインダーが追加されるなど、各種ジェットコースターが導入された。初期から人気のゴーストタウンのログライドは 1993 年に改装され、新しいアニマトロニクス・キャラクターを加えて再オープンした。2014 年に「キャリコ・マインライド」が追加され、「キャンプス・ヌーピー」には家族向けの新しい施設が多数追加された。かつて「ナッツ・ベアリー・テイルズ」と「キングダム・オブ・ザ・ダイナソー」があったスペースには、2015 年に新アトラクション、「ボヤージュ・トゥ・ザ・アイアンリーフ」を導入した。その後も追加投資と改

修を繰り返している。

4. 考察

　同研究会とナッツベリーファーム HP の「History」から、次のような経緯で同パークは発展してきたことが明らかになった。

　同パークは最初（1923 年頃）、ベリー農園で後にベリーをスタンドで販売し、1928年頃からティールームを営業し始めた。人気が出たので拡張し、待ち時間解消のために小売店や小規模な展示物を設置し、その後ゴーストタウン等を追加してテーマパークの原型となった。世界恐慌で大不況の際、ウォルターは諦めずに用地を購入した。1 エーカー（約 4000 平米）300 ドル（約 3 万円）で購入した。この頃の物価は分からないが、今なら LA 郊外の土地が安値で買えることはない。同パークは 61 年間、家族経営でアトラクションを追加しながら拡張してきた。大きな転機は 1981 年に家族以外で会長兼 CEO を採用したことである。スヌーピーを同パークのメインキャラクターにした。1997 年に 78 年間の家族経営を経て、同パークはシダーフェア社に売却された。シダーフェア社がアトラクションに投資し拡張した。

同研究会が考える成功要因：夫ウォルターは豪快、妻コーデリアは慎重

　同研究会は、成功要因はウォルターと妻コーデリアの貢献にあると分析している。同研究会によると、ナット家全員がナッツベリーファームの成功に貢献したが、ウォルターが一番の功労者だった。ウォルターは努力家で、集中力があり、情熱に駆り立てられながら、目標を達成するために邁進した。ウォルターは想像力と創意に富み、常に何か新しいことを試みようとする人だった。ウォルターは宣伝の価値、消費者が何を望んでいるのか理解し、目標設定することの重要性を理解していた。ウォルターは若い頃、悪い状況を最大限に活用する方法と外部の課題や機会に応じて成長する方法を学んだ。ウォルターは困難な時にも常に明るい面を見つけた。世界恐慌を例にすると、「私たちはカリフォルニアで最高かつ最大のベリー農場を持つことを目指した。このおかげで私たちはベリー栽培だけでなく他のことに取り組むようになった。ゴーストタウン建設を楽しみ、歴史的遺物を保存したので、私は世界恐慌に感謝しなければいけない」と彼は 1972 年に回想した。ウォルターは常にコーデリアの能力を認めており、「妻はいつも勤勉で、慎重で現実的な女性だった」「そのため妻は私にとって良いバランスになっている。私は少し楽観的で衝動的だ。夫が猪突猛進の場合、アイディアを妻に売り込み、説得しなければならないのが良い。妻の説得を通して私は自分のアイディアをより精査した。妻と私は常に

チームとして働いた。私がアクセルを踏み、妻がブレーキをかける」とコメントした。つまり、夫は豪快、妻は慎重な経営者で、二人合わせてバランスの良い経営者夫婦だったようである。

筆者が考える成功要因：高度成長期に立地が良くなった

　高度成長期に乗って購入した土地の立地が良くなったことが成功要因の 1 つ、と筆者は考える。同パークのあるオレンジ郡はロサンゼルスの郊外にあり、大きい人口を抱える。この立地に用地を購入する財力がある人は限られる。創業者は同エリアが発展する前に広い用地を購入した。しかし後にこのエリアが発展するとは誰にも分からなかった。発展する前に郊外に広い用地を購入するも、そのエリアが発展せずに終わるケースの方が多い。同パークは、第一次産業のために広い用地を購入し、後にテーマパークに多角化した非常に珍しいケースである。

　第一次産業に向いた用地を高度成長期前に購入し、後にテーマパークに多角化したケースとして、日本の福井県堺市にある芝政ワールド[28]（以降、芝政）が挙げられる。芝政は北陸地方最大のテーマパークであるが、集客に苦労し、2011 年に㈱企業再生支援機構の支援を受け、再生された。芝政には日本海を臨む美しい景色がある。芝政は 1910（明治 43）年に芝生屋（芝生販売業）を始め、1976 年に芝生をゴルフ場にした。1980 年にプールをオープンし、1997 年に名称を「芝政ワールド」に変更した（中島, 2022a, 第 5 章）。芝政は、近くにロサンゼルスのような大都市圏が形成されなかった。芝政のように郊外に広い用地を購入するも、高度成長期を経て、大都市圏にならなかったケースの方が多いはずである。

5. まとめ

　ウォルト・ディズニーはディズニーランドのアイディアを練るためにナッツベリーファームに来訪し、参考にした。同パークが家族経営の農場から始まったとは、筆者は事前に予想もしなかった。テーマパークの形成としては非常に珍しいケースである。1955 年にたった 6 キロほど離れた場所にディズニーランドが開業するという

---

28 芝政ワールドを経営する芝政観光開発㈱は、1910 年に芝生販売業に着手、1973 年に法人設立、みどりの広場「芝政」を開放、1976 年にパットパットゴルフ（パターだけを使うミニゴルフ）をオープン、1980 年にジャンボプールオープン、1997 年に施設名称を「芝政ワールド」に変更、1999 年に海賊ジェットコースター、アーチェリー、ゴーカート等のアトラクションを新設し「6 つの王国」として PR した。しかし 2011 年 3 月に㈱企業再生支援機構支援決定、5 月に新会社芝政観光開発株式会社の設立、2012 年に㈱エル・ローズに株式譲渡した。2016 年に世界初の巨大スライダー「ザ・モンスタースライダー」導入するなど、追加投資して拡張している。

不運に見舞われたが、ディズニーランドと異なるコンセプトで魅力がある。色褪せない老舗として継続してほしい。

第2章　シダーフェア　～老舗と絶叫マシンの聖地～

1. はじめに
　シダーフェア社はアメリカで多数の絶叫マシンを有するテーマパークとして知られるが、実は1800年代創業という老舗でもある。同社は老舗と最新鋭の絶叫マシンが同居する企業である。日本の富士急ハイランドやナガシマスパーランドのように、高スペックな絶叫マシンで人気を博している。本章では、シダーフェアのテーマパーク事業の経緯を考察する。

2. シダーフェアの概要と業績
シダーフェアの概要
　シダーフェアは米国本土48州とカナダのオンタリオ近郊にリゾート、ホテル、レクリエーション施設を擁する。毎年同社の全パーク合わせて入場者数約2600万人、同社合計13億ドル超の収益を上げている。同社はオハイオ州サンダスキーに本社を置き、上場パートナーシップ（PTP: Publicly Traded Partnership）という組織形態で、事業体ごと連邦または州の所得税を最初に支払うことなく、収益の大部分を所有者または投資家に支払うことができる。同社は30年以上連続して投資家に合計26億ドル以上の現金を配当してきた。テキサス州の「シュリッターバーン」は世界のベストウォーターパークの「アミューズメント・トゥデイズ」ゴールデンチケット賞を唯一受賞したパークである。1987年に上場して以来、同社のユニットの複利収益率は15%を超えている。同社は次の13パークを有する[29]。特にオハイオ州の「シダーポイント」がジェットコースターの聖地として有名である。

シダーフェアが所有する老舗テーマパーク
　同社の13パークのうち、**シダーポイント**（オハイオ州サンダースキー）は1870（明治2）年に創業された老舗である。その頃の日本では、1867年に大政奉還、1868年に明治維新が始まった。1870年は、ヨーロッパでは普仏戦争（フランス対プロイセン）の年である。このようにシダーポイントには非常に長い歴史と伝統がある。同社の**ドーニーパーク＆ワイルドウォーターキングダム**（ペンシルベニア州アレンタウン）は1884年に創業された老舗で、シダーフェアが1992年に買収した。**ナッツ**

---

[29] Cedar Fair, About Us, 2023年4月6日アクセス https://ir.cedarfair.com/company-overview/default.aspx#parks

ベリーファーム（カリフォルニア州ブエナパーク）は 1920 年に創業された老舗テーマパークとして、エンターテイメントの激戦地ロサンゼルス周辺で人気がある。シダーフェアが 1997 年に買収した。40 以上の乗り物、昔のゴーストタウン、ショップ、飲食店、特に有名な「ミセス・ナットのチキンダイナー」レストランがある[30]。

　シダーフェアの公式サイトにここまでしか書かれていないのでこれ以外のことについては不明である。初期のテーマパークは、現在のような高性能な乗り物はなく、小型の乗り物と遊具などを集めたレジャー施設だったと推察できる。高性能な乗り物を経験したことがない消費者は、小型の乗り物でも楽しめたはずである。シダーフェアの有するテーマパークの中で、特に歴史と伝統のある老舗パークは、(1)シダーポイント（1870（明治 3）年創業）、(2)ドーニーパーク＆ワイルドウォーターキングダム（1884（明治 17）年創業、1992 年買収）、(3)ナッツベリーファーム（1920（大正 9）年創業、1997 年買収）である。陳腐化が速いエンターテイメント業界で長く生き残れるのは、実力があるからである。

図 1：シダーフェア社のテーマパーク

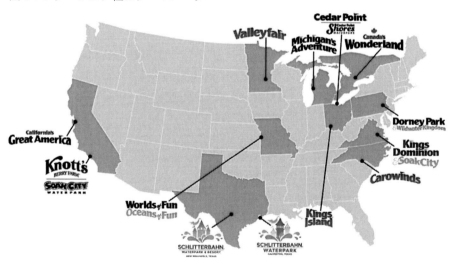

出典：Cedar Fair, Parks, 2023 年 7 月 1 日アクセス
https://ir.cedarfair.com/company-overview/default.aspx

---

[30] Cedar fair, Knott's Berry Farm, 2023 年 4 月 12 日アクセス
https://ir.cedarfair.com/company-overview/default.aspx#about

表 1：シダーフェア社の 13 パーク概要

シダーポイント	ドーニーパーク&ワイルドウォーターキングダム　ペンシルベニア州アレンタウン
オハイオ州サンダースキー	
創業 1870 年	**創業 1884 年**、買収 1992 年
52 アトラクション、18 コースター	78 アトラクション、7 コースター
ナッツベリーファーム	ミシガン・アドベンチャー
カリフォルニア州ブエナパーク	ミシガン州マスキーゴン
創業 1920 年、買収 1997 年	創業 1956 年、買収 2001 年
40 アトラクション、10 コースター	70 アトラクション、7 コースター
シュリッターバーン・ニューブランフェルズ	キングス・アイランド
テキサス州ニューブランフェルズ	オハイオ州シンシナティ
創業 1966 年、買収 2019 年	創業 1972 年、買収 2006 年
51 スライダー	70 アトラクション、15 コースター
キャロウィンズ	ワールドオブファン&オーシャンオブファン
ノースカロライナ州シャーロット	ミズーリ州カンザスシティ
創業 1973 年、買収 2006 年	創業 1973 年、買収 1995 年
64 アトラクション、14 コースター	68 アトラクション、7 コースター
キングス・ドミニオン	バレーフェア
ヴァージニア州リッチモンド	ミネソタ州シャコピー
創業 1975 年、買収 2006 年	創業 1976 年、買収 1978 年
64 アトラクション、13 コースター	64 アトラクション、8 コースター
カリフォルニア・グレートアメリカ	カナダ・ワンダーランド
カリフォルニア州サンタクララ	オンタリオ州トロント
創業 1976 年、買収 2006 年	創業 1981 年、買収 2006 年
57 アトラクション、8 コースター	79 アトラクション、17 コースター
シダーポイント・ショアズ・ウォーターパーク	ナッツベリーファーム・ソークシティウォーターパーク
オハイオ州サンダースキー	
創業 1988 年	カリフォルニア州ブエナパーク
71 スライダー	創業 1999 年、23 スライダー
シュリッターバーン・ガルベストン	
テキサス州ガルベストン、創業 2006 年、買収 2019 年、31 アトラクション	

出典：Cedar Fair, PARK FACTS, 2023 年 4 月 6 日アクセス

https://s2.q4cdn.com/170666959/files/doc_downloads/2020/Cedar-Fair-Park-Facts-

(2020).pdf

＊上から順にパーク名、パーク住所、創業年、買収した場合は買収年、アトラクション数、ジェットコースター数。ウォーターパークの場合はスライダー等のアトラクション数。

ダニエル・ハンラーハン会長

ダニエル・ハンラハン（Daniel J. Hanrahan）氏はウィスコンシン大学で BBA（Bachelor of Business Administration: 経営学士号）取得、2020 年 1 月に同社会長に就任した。2018 年からエグゼクティブ・チェアマンを務めたマシュー・A・ウィメット氏の後任である。同氏は 2012 年に同社の取締役会に選出され、報酬委員会長を務めた。ホスピタリティ、旅行、小売業界に対する知識とクルーズ会社とテーマパーク業界の類似点を組み合わせて戦略策定する。同氏は 2012 年から 2017 年まで Regis Corporation（NYSE 上場）の社長、CEO、取締役を務めた。2007 年から 2012 年までロイヤルカリビアン・クルーズ（NYSE 上場）のクルーズライン部門であるセレブリティクルーズの社長兼 CEO を務めた。セレブリティでの新しいクラスのクルーズ船導入に合わせ、クルーズラインのブランドと顧客満足度の評価を業界のトップに復活させた。その前はロイヤルカリビアンの販売およびマーケティング担当シニアバイスプレジデントを務め、効果的なテレビ広告キャンペーンを編成し、その年の最も効果的なマーケティング・コミュニケーションのアイディアを称える通信業界賞であるエフィー賞を 2 つ獲得した。ロイヤルカリビアンの広告キャンペーンの大成功で同氏は 2005 年にセレブリティの社長に任命され、2 年後に社長兼 CEO に就任した。2004 年、同氏は国際ホスピタリティセールス・マーケティング・アソシエーションに「ホスピタリティセールスおよびマーケティングにおける並外れた頭脳のトップ 25」の 1 人に選ばれた。またトラベルトレード・マガジンとアメリカンソサイエティ・オブ・トラベルエージェントから「トラベルエグゼクティブ・オブ・ザ・イヤー」を受賞した[31]。

リチャード・ジマーマン社長兼 CEO

リチャード・ジマーマン（Richard A. Zimmerman）氏はジョージタウン大学で会計学の学士号を取得し、2018 年 1 月に同社の社長兼 CEO に就任し、2019 年 4 月に取締役に任命された。会社での在職期間中、バージニア州リッチモンド近郊のキング

---

[31] Cedar Fair, Chairman of the Board, 2023 年 4 月 6 日アクセス
https://s2.q4cdn.com/170666959/files/doc_downloads/documents/Daniel-J.-Hanrahan-(chairman-2020-Jan).pdf

46

ス・ドミニオンの副社長兼ゼネラル・マネージャーに任命された。同氏は幼い頃から
テーマパーク事業に魅了され、経営することを夢見てきた。同氏は洞察力を駆使し
て、ファスト・レーンプログラムを設計した。このプログラムは需要が多く、大きな
成功を収め、収益の大幅増加と再投資を促進した。CEO になる前は同社の社長兼チ
ーフで、2016 年から 2017 年まで執行役員、2011 年から 2016 年まで最高執行責任
者を務めた。それ以前、2010 年に執行副社長、2007 年に地域副社長に任命された。
同氏は 1998 年から 2007 年までキングス・ドミニオンに所属した[32]。

シダーフェアの業績

　同社の純収入は 2019 年の 15 億ドルに対し、2022 年に 18 億ドルになった。営業
外収入は 26.5%、4460 万ドル増加した。これらの増加は入場者数の 4%、つまり 100
万人の減少の影響で部分的に相殺された。すべての主要な収益カテゴリー、特に入場
料、飲食、追加料金支出増加は、価格上昇と販売量増加による。パーク外収益の増加
は 1 日あたりの平均客室料金の上昇、顧客に請求されるオンライン取引手数料の増
加、ナッツベリーファーム・マーケットプレイスでの売上高の増加などによる。入場
者数の減少は、団体客数の回復の遅れと低額チケットプログラムの計画的な縮小が
原因である。純収益の増加は、カナダのパークにおける外国為替差益の 260 万ドル
が含まれる。2022 年の費用は 2019 年と比較して 2 億 9840 万ドル増加した。これ
は売上原価 3800 万ドル、営業費用 2 億 2210 万ドル、販管費 3830 万ドル増加した
ことによる。食品、商品、ゲームの収益に対する売上原価の割合は一般的なインフレ
によるコスト圧力の結果として 0.6%増加した。営業費用増加は季節労働率の大幅増
加、一部のパークで計画されている人員増加、フルタイムの賃金上昇、従業員の税金
と福利厚生費の増加、買収したシュリッターバーンの追加などが原因である。販管費
の増加は、主に正社員給与の増加、取引手数料やテクノロジー関連費用の増加によ
る。これら販管費増加は効率的なデジタルメディア戦略で広告費減少によって相殺
された。運用コストと費用の増加には、カナダのパークで 140 万ドルの外国為替差
損が含まれる。カリフォルニア州グレートアメリカの土地売却による 1 億 5530 万ド
ルの利益が出た[33]。

[32] Cedar Fair, RICHARD A. ZIMMERMAN, 2023 年 4 月 6 日アクセス
https://s2.q4cdn.com/170666959/files/doc_downloads/documents/Richard-A-
Zimmerman-Media-Room.pdf
[33] Cedar Fair L. P., Annual Report 2022, p.26, 2023 年 4 月 11 日アクセス
https://s2.q4cdn.com/170666959/files/doc_financials/2022/ar/Cedar-Fair-2022-10-K.pdf

表2：新型コロナ流行前の業績推移（単位：1000ドル）

	2019年	2018年	2017年
入場料収入	795,271	737,676	734,060
飲食物販収入	473,499	433,315	422,469
ホテル収入	206,155	177,539	165,438
収入合計	1,474,925	1,348,530	1,321,967
費用合計	990,716	892,416	862,683
当期純利益	172,365	126,653	215,476

出典：Cedar Fair L. P., Annual Report 2019, p.15, 2023年4月11日アクセス
https://s1.q4cdn.com/392447382/files/doc_financials/Annual%20Reports/Annual/SEAS-2019-Annual-Report.pdf

表3：新型コロナ流行後の業績推移（単位：1000ドル）

	2022年	2021年	2020年
入場料収入	925,903	674,799	67,852
飲食物販収入	602,603	432,513	76,921
ホテル収入	288,877	230,907	36,782
収入合計	1,817,383	1,338,219	181,555
費用合計	1,289,142	1,030,466	483,891
当期純利益	307,668	▲48,518	▲509,243

出典：Cedar Fair L. P., Annual Report 2022, p.16, 2023年4月11日アクセス
https://s2.q4cdn.com/170666959/files/doc_financials/2022/ar/Cedar-Fair-2022-10-K.pdf

3. 絶叫マシン導入競争

ジェットコースターの過激巨大化競争

　1900〜2000年代は日米でジェットコースターの開発ブームで、高度化、高速化、巨大化した。

　絶叫マシンの開発競争は1996年に完成した富士急ハイランドの「FUJIYAMA」の大成功に始まった。FUJIYAMAは2000年にシダーポイントの「ミレニアムフォース」に抜かれるまで、世界最速・最大コースター（周回型）だった。そのミレニアムフォース完成の2ヶ月後、ナガシマスパーランドの「スチールドラゴン2000」がギネスブックに登録された。さらに2001年に富士急ハイランドの「ドドンパ」が世界最高速を塗り替えた。2004年にシダーポイントに「トップスリル・ドラッグスタ

ー」が完成し、世界最高速、最高高度の記録を塗り替えた。2005 年にニュージャージー州のテーマパーク「シックスフラッグス・グレートアドベンチャー」に世界最速のジェットコースター「キンダカ」がオープンし、それまでの世界最高記録（高さと速度）を塗り替えたギネスマシン（ギネスブックに登録された絶叫マシン）となった。この 2 つのジェットコースターが出るまで、ジェットコースター世界一は長く日本だった。キンダカと「トップスリル・ドラッグスター」はそれまで主流だった山あり谷ありのコースレイアウトを捨て、まっすぐな助走路と、垂直に昇って垂直に落ちるタワーだけのシンプルな構造になった。つまり、スピードと高さだけを効率よく稼げるレイアウトである。キンダカの最高速度は時速 206 キロ、最高部の高さは 139 メートルなので、日本最高速のドドンパの時速 172 キロや、日本最高高度のスチールドラゴン 2000 の 97 メートルを超えた[34]。つまり 1990 年代後半から大規模な絶叫マシンがブームなったのは日米だけである。

2005 年頃まで大型化・高速化・多様化、乗り心地よく楽しめる方向に変換

　2005 年頃までジェットコースターは大型化、高速化、多様化の競争にあった。2006 年頃から、いかに気持ちよく楽しめるかという方向に転換したようだった。2007 年にシダーポイントにオープンした新ジェットコースター「マーベリック」は大きさもスピードもとりたてて凄くないが、地上すれすれを右に左に縦横無尽に駆け回るスタイルが好評を博した。超高速で走らなくても、高い位置まで昇って落ちなくても、スリルは味わえる。つまり、低予算で面白いジェットコースターを開発できることが証明された[35]。

4. 新型コロナウィルス流行と買収提案
新型コロナウィルス流行で閉鎖

　2020 年 6 月、シダーフェアの CFO ブライアン・ウィザロー氏によると、全米に保有するパークを数ヶ月にわたり閉鎖し、財務上の処理で苦戦していた。同氏は「我々は他の業界以上に打撃を受けた」「中間はない。テイクアウトできるレストランとは違う。100%閉鎖した」とインタビューで述べた。米国では新型コロナ感染拡大がやまない中、所得の減った客がスリルを求めて戻ってくるのかテーマパーク各

---

[34] 2007/11/01 産経新聞　大阪夕刊 8 頁「【手のひらを太陽の塔に】世界最速ジェットコースター」
[35] 2008/04/08 産経新聞　大阪夕刊 3 頁「【手のひらを太陽の塔に】新型コースター「カワセミ」　爽快！乗り心地抜群」

社は確信を持てなかった。2020年3月に全米で閉鎖されたテーマパークはゲストにマスク着用と体温測定、ソーシャルディスタンス（対人距離）措置を求めた。シックスフラッグス、シーワールド、シダーフェアの株価はそれぞれ年初来40%超下落していた。アナリストによると、どの企業も即座に破綻する恐れはない。S&Pによれば、シックスフラッグス、シーワールド、シダーフェアには2020年を通じてパークを閉鎖しても乗り切れるだけの現金や信用枠がある。3社とも新型コロナで閉鎖を強いられたため、バランスシート強化のために社債を発行した。ウィザロー氏は、シダーフェアが2021年末までの完全な閉鎖を乗り切れると述べた。財務上の不確定要素はシーズンパスの販売で、テーマパーク業界ではビジネスモデルとマーケティング予算のシーズンパスへの移行を加速させてきた。シーズンパスはロイヤルティの高い客からの収入をもたらす。安定した収入になり、大口投資家にとって魅力的である。ウェドブッシュ証券のアナリスト、ジェームズ・ハーディマン氏は「全てのテーマパークはシーズンパスに代表される反復性のある収入源を持ちたいと思っている」と述べた。企業にとっては新たにシーズンパスを買う人が減ることよりも、昨年の保有者が今年は購入しないことの方が心配だという。企業は新たな長期的関係を一から作らざるを得なくなる。ゴールドマン・サックスによると、シーズンパスが地域のテーマパーク入場者に占める割合は2019年58%と、2011年の34%から上昇した。シダーフェアでは2019年の入場者の53%がシーズンパス保有者と、2009年の27%から上昇した。シダーフェアでは2019年、シーズンパスなど通年で使える商品の売上高が40%（4000万ドル）増加した。シダーフェアは月に3000万〜4000万ドルを支出している。営業経費の他、バランスシートてこ入れのために2020年に新たに発行した社債10億ドルの利払いが一因である。同社はパーク閉鎖に際してパートタイマーをほぼ全員一時帰休とした。地方のテーマパークにとって1つ明るい点は、飛行機に乗ることや大掛かりな休暇を避けたい多くの人が、車で行ける場所を選ぶとみられることである。これはシックスフラッグスやシダーフェア（90%超が車で来園）というテーマパークに有利になる。ウィザロー氏は「2008年のリーマンショックの時、シダーフェアは高価な旅行を避けようとする消費者心理が働いたことから、新型コロナの際にもそれが当てはまると期待している」と述べた[36]。

年間入場者数31万人、100億円の赤字

　シダーフェアの2020年10-12月期（第4四半期）決算は赤字に転落した。新型コ

[36] 2020/06/04 ダウ・ジョーンズ米国企業ニュース「DJ－【焦点】米国の遊園地が再開、客は戻るか?」

ロナ流行が響いた。純損益は1億550万ドルの赤字、前年同期は278万ドルの黒字だった。入場料や飲食、商品、ゲーム、宿泊施設の料金を含む売上高は3390万ドルと、前年同期の2億5720万ドルから大幅に減少した。入場者数は31万5000人（前年同期は500万人）だった[37]。

シーワルドがシダーフェアに買収提案するも拒否

2022年2月、海洋テーマパークを運営する米シーワールド・エンターテイメント（第8章）はシダーフェアに買収提案していたが、拒否された。シーワールドの新型コロナ流行で大打撃を受けた娯楽事業を統合する計画は頓挫した。シーワールドは同月15日の発表で「残念ながら買収への道筋は見えない」と発表し、これ以外の詳細に触れなかった。MLP[38]形態をとるシダーフェアは同月、自社とユニット保有者にとって最善の進路を決めるため、取締役会が買収提案を慎重に見極め検討すると述べた[39]。

コロナ収束し季節労働者3.5万人採用計画

2023年2月、シダーフェアは季節労働者およそ3.5万人を採用するため、米国とカナダのテーマパークで採用イベントを開催すると発表した。募集職種は乗り物の操作係や飲食、ライフガードなどがあり、同社史上最大規模の採用になる[40]。

5. 考察

本章では、シダーフェアのテーマパーク事業を考察し、次の点を明らかにした。

第1に、同社のハンラハン会長はホスピタリティ業界、旅行業界、小売業界に対する知識が豊富なことに加えて、クルーズ事業とテーマパーク事業の類似点を組み合わせて戦略策定している。ジマーマン社長兼CEOはキングス・ドミニオンの副社

---

[37] 2021/02/17 ダウ・ジョーンズ米国企業ニュース「DJ－テーマパーク運営の米シダー・フェア、10－12月期は赤字転落」

[38] MLP：Master Limited Partnership：マスター・リミティッド・パートナーシップ：エネルギー事業を主な収益源とする共同投資事業形態。ニューヨーク証券取引所やNASDAQなどの金融商品取引所に上場している。エネルギー・ビジネスの中でも収益が安定しているパイプライン事業を対象としたMLPが多い。野村證券「証券用語解説」「MLP」2023年4月5日アクセス
https://www.nomura.co.jp/terms/english/m/A02225.html

[39] 2022/02/16 ダウ・ジョーンズ米国企業ニュース「DJ－米シーワールド、シダー・フェアへの買収提案拒否される」

[40] 2023/02/06 ダウ・ジョーンズ米国企業ニュース「DJ－【MW】テーマパーク運営の米シダー・フェア、季節労働者3.5万人採用へ」

長兼ゼネラル・マネージャーとして活躍した。このように前職はテーマパーク業界のみならず、観光業界、ホスピタリティ業界で活躍した人材がトップに立っている。さらに両氏ともアメリカの名門大学で経営学または会計学を専攻している。シダーフェアは大手企業なので、高学歴者が多いようだ。ただし高学歴は採用に有利なだけで、仕事能力と直接的な関係はないはずである。

　第2に、1996年に富士急ハイランドのFUJIYAMAが導入され大人気を博し、日本でジェットコースターブームが起きた。アメリカでもスペックの高いジェットコースター開発競争が起きた。より高速で走り、より高く昇り、一気に落ちるようなジェットコースターが次々に導入された。2000年代前後は日米でジェットコースターの開発ブームで、ジェットコースターの高速化、巨大化、多様化などの競争が起こり、2005年頃まで続いた。世界の主要国でジェットコースター開発ブームが起こったのかと思っていたが、日米だけだと分かった。巨額の開発費に耐えられる企業だけが高スペックなジェットコースターを導入できる。つまり大規模なジェットコースターは存在自体が**富の象徴**である。1990年代後半から2000年代半ばまでは、アメリカはITバブルと金融バブルに沸いていた。日本はバブル崩壊後の不況だったが、製造業は世界中で好調だった。アジア諸国の経済成長は今ほど進んでいなかった。ヨーロッパも不調な国が多かった。ジェットコースター開発は日米が世界をリードし、突き進んだ。

　第3に、2007年にシダーポイントにオープンした新ジェットコースター「マーベリック」はあまり高スペックで高価格でないが、面白いジェットコースターが人気を博すと証明されたため、低予算のジェットコースターの開発が進むだろう。日本で大規模なジェットコースターは一基20〜30億円はする。例えば、FUJIYAMAは約30億円、「高飛車」（富士急ハイランド）は約55億円である。初期費用と運営費、メンテナンス費の回収は甘くない。特に少子高齢化の社会では、ジェットコースターでの集客は簡単ではない。1996年のFUJIYAMA導入に比べて、大規模なジェットコースターを導入しても投資効率が高くない、と富士急の堀内光一郎社長は述べている[41]。

　第4に、2020年6月から新型コロナ流行によりシダーフェアは保有するパークを閉鎖した。飛行機に乗ることや大掛かりな休暇を避けたい多くの人が、車で行ける地方のテーマパークを選ぶ可能性があった。シックスフラッグスやシダーフェアの客の90%超が車で来園する。アメリカではニューヨーク市を除いて車社会である。観

---

[41] 2016/03/19 日本経済新聞　朝刊17頁「連続増益企業の研究(4)富士急行——「ハイランド依存」脱却。」

光客は飛行機で移動してレンタカーか、旅行代理店が用意したバスやバンで移動することが多い。不況の際、消費者は高額の旅費を避けるために近所のレジャー施設で楽しもうとする。

　第5に、テーマパーク業界では、年パスは戦略上、非常に重要な要素であり、今年の年パス所有者が来年に年パスを購入しなくなることが最も恐れることである。新規顧客の開拓は維持よりも難しく、高コストである。年パス所有者は元を取ろうとして通う傾向にある。年パス所有者は毎回入場無料のような錯覚に陥るのか、飲食や物品販売の額が上がるのだろう。客の90%以上が車で来場することから、近隣住民のリピーターに支えられる地方で愛されるテーマパークのようである。日本でも、地方で生き残るテーマパークは地域住民のファンに支えられているケースが多い。

　本章の限界は、2000年代以前の資料をほとんど取得できなかったため、ここまでしか分からなかったことである。しかもシダーポイント以外のテーマパークについてはほぼ情報がなかった。今後の研究課題は、シダーフェアのテーマパークを「人気の地方テーマパーク」という視点で研究することである。

6. まとめ

　エンターテイメント事業で100年を超えて生き残ることは偉大である。経営学では一般的に企業の平均寿命は30年と言われ、30年を超える企業は競争力があり、時代に合わせて大きく変わっている。

　ヨーロッパで最も有名な老舗テーマパークといえば、**チボリ公園**（デンマーク・コペンハーゲン）で、1843（天保14）年開業である。ウォルト・ディズニーが1951年にチボリ公園を訪問し、感動し、ディズニーランドの参考にした[42]。長期間生き残るテーマパークは、形式知化できない魅力があり、地域住民のファンがついている。ディズニーランドやユニバーサル・スタジオのような大規模テーマパークにない魅力がある。

---

[42] TIVOLI, THE HISTORY OF TIVOLI, 2023年2月10日アクセス
https://www.tivoli.dk/en/om/tivolis-historie/tidslinie

第Ⅱ部　ハリウッドBIG5

　ハリウッドとは何か。アメリカ人は知っているが、大半の日本人は、名前は知っていても実態を知らないだろう。これが分からないのとアメリカのテーマパーク業界は分からないので、本題に入る前に説明したい。ハリウッド BIG5 とはディズニーやユニバーサルなどを含むアメリカの大手映画会社 5 社である。本書ではディズニーとユニバーサル以外の 3 社のテーマパーク事業を考察する。ディズニーとユニバーサルについては中島（2014a, 2014b, 2017）に詳しく書いた。

短編2　ハリウッドとは何か

1. はじめに
　ハリウッドはカリフォルニア州ロサンゼルス郡の中央に位置するエリアで、ディズニーやユニバーサルなど大手映画会社から中小企業まで映画会社の産業集積である。アメリカ映画産業をハリウッドと言い、映画業界の人たちを集合的にハリウッドと言う。
　ディズニーの本社はバーバンクにあり、ユニバーサルの本社はユニバーサル・シティにある。ハリウッド大手映画会社の本社はロサンゼルス周辺に広範囲に分布している。ハリウッドの成功者はビバリーヒルズなどの超高級住宅街の豪邸に住む。その近くの高級ブランド店が並ぶエリアをロデオドライブと言い、東京でいう銀座や表参道のような存在である。アカデミー賞の授賞式が行われる会場を「チャイニーズシアター」といい、そこにスターの手形が押してある。山の斜面に「HOLLYWOOD」と書いてあるのが「ハリウッドサイン」である。これらの広いエリアを合わせてハリウッドと言い、アメリカ文化とアメリカンドリームの象徴である。

2. 初期のハリウッドは「スタジオシステム」の集合体
　初期のハリウッドは「スタジオシステム」の集合体のことだった。19 世紀末に映画というメディアが誕生した頃、アメリカの映画の都はハリウッドではなくニューヨークやシカゴなど東海岸が中心だった。そしてこのエリアが経済の中心だった。当時、東海岸の映画界では発明王トーマス・**エジソン**が、映画製作と上映に関する多くの**特許**を握っていた。エジソンは利益を独占する目的で、機材からフィルムに至る映

画製作に必要なものを独占するトラストを作り、独立系の業者を排除しようとした（このトラストは 1919 年に独占禁止法で解体された）。そのためエジソンという権力者の監視下に無いエリアを求めて、映画制作者たちは西海岸に移動した。さらにロサンゼルスなど西海岸は一年中真っ青に晴れて気候がよく、撮影に適していた。東海岸は曇や雨の日が多い。当時、撮影所（スタジオという）の照明など電気の設備が不十分だったので、屋外で多く撮影が行われた。西海岸はスタジオ建設に広大な土地が空いていて、圧倒的に人件費が安かった。

　20 世紀に入ってアメリカでは映画は「娯楽の王様」と言われ、各地に映画館が続々と建設された。映画製作の需要が伸び、映画を効率よく製作するシステムが必要となった。職人のような映画監督がシナリオ製作、配役、照明、セット、撮影、編集までこだわって一本を完成させるのでは非効率である。そこで工場の生産ラインで製品を組み立てるようなシステムを構築した。「スタジオ」という組織にプロデューサーから俳優まで所属する。自動車会社の系列会社が自動車会社の近くに分散するように、ハリウッド周辺に関連会社も立地するようになった。そこに BIG5（ビッグファイブ）と呼ばれる大手 5 社（後述）が誕生した。この 5 社は有名俳優や監督と独占契約を結び、巨大な撮影所を持ち、A 級・B 級作品を大量生産し、「ブロック・ブロッキング」（映画館を系列化し、数十本単位で上映権を買い取らせる方法）で市場を寡占にし、利益を上げた。これが「スタジオシステム」である。一社につき一つのスタジオシステムなので、複数のスタジオシステムがあった。このシステムは莫大な利益を生むが、莫大な資金が必要となり、資本家や投資家の動向が映画製作に反映された。しかしながら、1948 年に「パラマウント判決」で独占禁止法違反と判断され、スタジオシステムは解体された。その頃、テレビが急成長して映画需要が減り、映画業界は危機に陥り、テレビ業界にスタジオ貸与、スタジオ売却、業態変更を行った。なお、1900 年代初頭の BIG5 とは、MGM（メトロ・ゴールドウィン・メイヤーズ）、パラマウント映画、20 世紀フォックス、ワーナー・ブラザース、RKO（ディズニー映画の配給元）、LITTLE3（リトルスリー）とはコロンビア、ユナイテッド・アーティスト（チャーリー・チャップリンら俳優が 1919 年に設立）、ユニバーサル映画である（中島, 2017, 108-114 頁）。

3. 現在のハリウッド大手

　アメリカの大手映画制作会社 6 社は**ハリウッド BIG6**（ビッグシックス）と長い間言われてきた。その 6 社とは、(1)ウォルト・**ディズニー**（以降ディズニー社）、(2)**ユニバーサル**、(3)**パラマウント**、(4)**ワーナー・ブラザース**、(5)**ソニー・ピクチャー**

ズ（旧コロンビア）、(6)**21 世紀フォックス**（旧 20 世紀フォックス）である。ただし 21 世紀フォックスは 2019 年 3 月にディズニー社に買収されたため、現在ではハリウッド**BIG5**（ビッグファイブ）と言う。

　日本のバブル期（1989 年）にソニーが旧コロンビア映画を買収したので、ソニーはハリウッド BIG5 の一社である。ユニバーサル・スタジオは撮影所（スタジオ）を一般公開し、入場料をとるエンターテイメント事業を始めた。次にウォルト・ディズニーが 1955 年にカリフォルニア州アナハイム（ロサンゼルス郊外）にディズニーランドを開業し、人気を博した。ここから映画会社がコンテンツをテーマパークに転用するビジネスモデルが注目されるようになった。1983 年に東京ディズニーランドが開業し大成功したことがアメリカで盛んに報じられ、この頃からコンテンツを持つ会社がテーマパークに多角化し、成功したら国際展開するという「ディズニー型」のビジネスモデルが注目された。

日米の差異

　日本では「ディズニー＝ディズニーランド＝テーマパーク」であるが、アメリカでは「ディズニー＝映画会社＝ハリウッド」である。映画会社なのでディズニーのライバルはハリウッドの映画会社である。日本でディズニーのライバルと言えば他のテーマパーク、特にユニバーサル・スタジオ・ジャパン（**USJ**）である。日本のディズニーランドを運営する会社は株式会社オリエンタルランドである。アメリカのディズニーランドを運営する会社はウォルト・ディズニー・カンパニーである。ディズニー社は映画会社としてスタートし、様々な事業に多角化し、様々な企業を買収してメディア・コングロマリットとなっている。ハリウッドは米カリフォルニア州ロサンゼルス郡に立地する「映画の都」で、映画会社の産業集積である。そしてハリウッドは**アメリカンドリーム**の象徴である。ハリウッドで成功した人の大半は底辺から這い上がってきて頂点に上る。底辺とは、低賃金・重労働・長時間労働・貧乏生活である。最初アシスタントという名目で雇われ、奴隷働きさせられる。ロサンゼルス周辺は物価が高いので、低賃金ならば親が裕福で仕送りしてくれない限り貧乏生活になる。低賃金ならば楽な仕事と思うかもしれないが、低賃金は弱みにつけ込まれている人が就く仕事である。もっと良い条件の仕事に就けるなら低賃金を受け入れない。低賃金は重労働とセットである。ロサンゼルス周辺は電車が通っておらず、バスは非常に不便かつ治安が悪いので、車は必要不可欠である。家賃と車にお金がかかり、節約しても貧乏生活を余儀なくされる。

　ハリウッドの大半の人はハングリー精神と野心と欲の塊である。一部の人だけが

大きく成功し、アメリカンドリームをつかむ。大きく成功しなくても、やり手ならば、まあまあ良いアパートメントか戸建てに住み、フェラーリなどの高級車に乗る。派手好きな人が多く、実用的なプリウス（トヨタ車）よりもフェラーリのようなステイタスシンボルを求める人が多い。浮き沈みが激しい業界なので、年収 3000〜5000 万円くらいの人なら、本人と専業主婦の妻、子供 1〜2 人だとして、まあまあ良い家に住んで車 2 台を維持できるだろう。独身なら、まあまあ良いアパートメントに住んでフェラーリに乗り、金遣いの荒い派手な暮らしができるだろう。ハリウッドで大きく成功したら、ビバリーヒルズなど超高級住宅街の豪邸に住み、メイド、運転手、シェフ、庭師等を雇える。セレブとの華やかな交友関係を持つ人もおり、アメリカでは憧れの的である。ハリウッドでは、(1)男性、(2)白人、(3)ユダヤ人という 3 要素を満たす人が支配的な地位についてきた。女性、有色人種、非ユダヤ人は不利な立場にある。

ユダヤ人の成功者たち

　初期のアメリカは、最初に移民したアングロサクソン人（イギリス人のこと）が社会の上位のいい仕事を独占し、遅れて移民してきたユダヤ人やイタリア人の移民に対して差別的だった。ハリウッドには**東欧**出身のユダヤ人が多い。ここでは両親または片方の親がユダヤ系であればユダヤ人とする。ハリウッドはユダヤ人ならば成功するというほど甘い世界ではない。経済大国が多い西欧諸国（英仏独伊など）と違い、東欧諸国は経済的に裕福ではない。その上、昔はユダヤ人差別が酷く、いい仕事に就けなかった。映画は後ろ盾が無くても参入できる仕事で、売上勝負、才能勝負の仕事だった。その上、映画事業は**一獲千金**の象徴である。

　パラマウント映画の創業者はアドルフ・ズコール氏というハンガリー生まれのユダヤ人である。ユニバーサルの創業者はドイツ系ユダヤ人のカール・レルム氏である。ワーナー・ブラザースの創業者はワーナー家の 4 人兄弟で、ポーランド移民のユダヤ人である。コロンビア映画の創業者はハリー・コーン氏という東欧系ユダヤ人である。20 世紀フォックスの創業者はウィリアム・フォックス氏というハンガリー生まれのユダヤ人である。初期の大手映画会社 MGM（代表作『トムとジェリー』『風と共に去りぬ』『007』『ロッキー』『ターミネーター』『お熱いのがお好き』等多数）の創業者は 3 人のユダヤ人、マーカス・ロウ氏、サミュエル・ゴールドウィン氏、ルイス・B・メイヤー氏である。ハリウッド BIG6 の創業者でユダヤ人でないのはディズニー家だけである。ディズニー家はアイルランドからの移民でプロテスタントである。

　ユダヤ人の有名な監督やプロデューサーといえば、スティーブン・スピルバーグ氏

（代表作『ジョーズ』『E.T.』『ジュラシック・パーク』『シンドラーのリスト』等）、ドン・シンプソン氏（代表作『フラッシュダンス』『ビバリーヒルズ・コップ』『トップガン』等）、ジェリー・ブラッカイマー氏（代表作『バッドボーイズ』『アルマゲドン』『パイレーツ・オブ・カリビアン』等）、ジェフリー・カッツェンバーグ氏（代表作『リトルマーメイド』『美女と野獣』『アラジン』『ライオンキング』等）、「音響の魔術師」と呼ばれるハンス・ジマー氏（代表作『ライオンキング』『ラスト・エンペラー』『ラスト・サムライ』『パイレーツ・オブ・カリビアン』等）、さらにディズニー社の会長兼 CEO を務めたマイケル・アイズナー氏（代表作『サタデーナイト・フィーバー』『ビバリーヒルズ・コップ』等）らがいる。

夢と憧れを売って資金調達

　ハリウッドが本当に売っているものは、映画ではなく**夢と憧れ**である。ハリウッドは夢と憧れを売って資金調達する。資金とは映画制作費である。その映画制作費に大きな比重を占めるのが、プロデューサー、監督、俳優などのギャランティ（略称ギャラ：報酬）である。彼らは興行収入などの売上に比例したギャラを要求できる。その結果、大物はロサンゼルス周辺の高級住宅地の豪邸に使用人を雇って豪華な生活ができる。前出のアイズナー氏は著書（1998）で「ハリウッドではその会社と仕事をするのではなく、その人と仕事をする」「会社をクビになっても実力があれば他社に採用されるし、独立開業して仕事を獲得できる」という主旨の発言をしている。日本企業ではその会社と仕事をするケースが多く、その人と仕事をするケースは少ない。ハリウッドは、まさにアメリカンドリームを体現した世界で、アメリカ社会の縮図、なおかつアメリカの誇りである。だからソニーが旧コロンビアを買収した時にアメリカで起こった批判内容は「アメリカの魂を日本に売った」であった。日本でディズニーランドや USJ は「夢の国」として人気であるが、アメリカではただの夢の国ではない。アメリカのディズニー社やユニバーサルのトップマネジメントはこのような人たちで、激しい競争に明け暮れている。

ユダヤ人の定義

　ところで、ユダヤ人とはどういう人なのか定義する。ユダヤ人とはユダヤ教を信仰する人とその子孫が「ユダヤ人」である。しかしユダヤ人の厳密な定義は難しいと国土交通省[43]の HP で解説されている。それによると、ユダヤ教とは、古代イスラエル

---

[43] 国土交通省「ユダヤ教とは」2023 年 7 月 1 日アクセス
https://www.mlit.go.jp/common/000116949.pdf

58

に発祥し、唯一神「ヤハウェ」を信じる一神教である。ユダヤ人を神から選ばれた選民とみなし（選民思想）、救世主（メシア）の到来を信じる。モーセの律法「トーラー」（キリスト教の旧約聖書中、モーセ五書を指す）、律法「タルムード」などの聖典がある。宗教が生活の土台となっている。ユダヤ教には大きく3つの宗派、(1)正統派、(2)保守派、(3)革新派がある。正統派は厳格なユダヤ教徒で、外見に特徴がある。黒服と黒の山高帽を被り、髭ともみあげがあり、食事の規程も厳格に守る。改革派は現代社会に合わせて自由を認めて生活する。保守派はその中間である。ユダヤ教徒の多い国はイスラエル共和国、米国、ロシアなど世界各国にある。イスラエル共和国はユダヤ人国家として1948年に建国された。ユダヤ人はユダヤ料理の食材を入手しやすい地域にまとまって住む傾向が強い。本書は宗教学ではなく、経営学に立脚するため、ユダヤ教とユダヤ人についてはここまでとする。

メディア・コングロマリット化

　米映画大手は買収と売却を繰り返し、メディア・コングロマリットとなっている。映画会社が合併してシナジー効果を得られるのはテレビ局などのメディア企業である。アメリカの大手テレビ局3社を「3大ネットワーク」といい、ABC、CBS、NBCである。ディズニーとABC、パラマウントとCBS、ユニバーサルとNBCが合併した。さらにテーマパーク事業にも多角化している（表2）。パラマウントのテーマパークは「キングス・アイランド」、ワーナーのテーマパークは「ムービーワールド」、ソニーのテーマパークは「アクアバース」である。

表2：ハリウッドBIG6各社が合併したメディアとテーマパーク事業

ハリウッドBIG6	テレビ局等	CATV	テーマパーク
ディズニー	ABC		ディズニーランド等
ユニバーサル	NBC	コムキャスト	ユニバーサル・スタジオ
パラマウント	CBS	バイアコム	キングズ・アイランド＊1
ワーナー・ブラザース	タイム	AOL＊4	ムービーワールド＊2
21世紀FOX	ニューズコーポレーション		20世紀FOXワールド＊3
ソニー・ピクチャーズ			アクアバース＊5

筆者作成

＊1事業売却した。＊2オーストラリアのゴールドコースト郊外にある。＊3ドバイとマレーシアに計画されていたが実現しなかった。＊4合併解消した。＊5タイのパタヤ郊外にある。

4. スターウォーズの大ヒットで大変革、超大作志向に

　ハリウッドを駄目にしたのは『スターウォーズ』と言う映画関係者が多いと言われている。『スターウォーズ』の成功はハリウッドに経済的な連鎖反応を起こし、意欲的で斬新な映画は絶滅の危機に追いやられた。1977年に一作目が公開された『スターウォーズ』とジョージ・ルーカス監督は、当時のハリウッドでは主流ではなく、亜流、つまり当時の主流と権威者に対する挑戦者だった。ルーカス監督がこの挑戦に勝ったため、旧世代の権威者以上に恐ろしい展開になった。それは質より量の超大作志向である。1本でも当たれば巨額の売上があることに気づいた映画会社は、路線変更し、ホームランねらいの大振りばかりするようになり、小粒な好打者の出番はなくなった。1作品で2億ドルもの収入を見込めるので、世界をまたにかける多国籍企業が映画会社に参入してきた。作品の中身を決めるのは監督ではなく、映画会社のマーケティング部門になった。主流のジャンルや観客層も一変し（若者向けが主流）、映画の収益構造が変わった。キャラクターグッズの売れる映画が良い映画とされる。中身よりも見せ方、ストーリーよりアクション、人生の複雑さよりマンガ的な単純さ、特殊効果というのが「ルーカス以降」の映画作りである。若者向けに速くなったテンポは年々速くなり、スピード最優先の場面展開で、映画はテレビゲームに似てきた。大人の映画が主役だったハリウッドの黄金時代は終わった。1960〜1970年代にかけて、フランシス・コッポラやマーチン・スコセッシらが生み出してきた深みと苦みのある大人の映画はもう作られない。それ以来、ハリウッドは使い古したモチーフのリサイクルが行われている。『インデペンデンス・デイ』『ツイスター』『ミッション・インポッシブル』は古い映画やテレビドラマの焼き直しで、それが焼き直しだと知らない若者にターゲットを絞っている[44]。

エージェントの権力絶大とギャラの高額化（1990年代）

　日本がバブル景気に沸いた1989年にソニーがコロンビア映画を買収し、1990年に松下電器産業（現パナソニック）がMCA（ユニバーサル）を買収した。「アメリカの魂を金で売った」と大バッシングが起きた。

　1993年になると、ハリウッドの大手8社は「メジャー」と呼ばれ、ここからディズニーとワーナーが抜け出し、ソニーと松下が多角化で追撃していた。ハリウッドは大きく様変わりし、弁護士、公認会計士が幅をきかせていた。最も権力を持っていた

44　2015/12/16 Newsweek日本版「【再録】スター・ウォーズから始まったハリウッドの凋落」2023年8月11日アクセス
https://www.newsweekjapan.jp/stories/culture/2015/12/post-4257.php

のは映画会社ではなく、人気スターや有名監督、優秀なスタッフを大量に抱え、彼らの契約を代行する<u>タレントエージェント（芸能事務所）</u>だった。1993 年当時、その頂点に立っていたのが CAA（Creative Artist Agency）というエージェント会社だった。大手映画会社も CAA を無視した企画はできない。アメリカでは高いギャラに加え、作品によっては利益の 4 割を主演者と監督に奪われる。ハリウッド大手 8 社がアメリカ映画の約 40%を生産し、95%のシェア（売上高の比率）を占めていた。ここに資金力・創造力・生産力が集中する。そのためバブル期に<u>ソニーも松下も映像商品の世界戦略</u>のため、巨額投資してソニーがコロンビアを、松下が MCA を買収した。この仲介者が CAA だった[45]。

　CAA はハリウッド最大手のタレント・エージェントで、創業者のマイケル・オーヴィッツ氏はルーマニア系ユダヤ人である。この会社がなければハリウッドで映画を作れないと言われるほど絶大な権力を握り、オーヴィッツ氏は「ハリウッドの帝王」と言われた。有名な役者、監督らの多くが同氏の会社にエージェント（代理人）業務を依頼している。なお、エージェント業務とは、俳優の代理で仕事を探し、ギャラや待遇の交渉をして契約をまとめる仕事で、手数料収入を得る。

ディズニーとワーナーのみ絶好調

　1993 年、大手 8 社の勝敗は明確で、力をつけたのは良質の映画づくりに専念したディズニーと、果敢な製作活動を展開したワーナーだった。ディズニー映画の中核であるアニメは抜群の強さで、『美女と野獣』や『アラジン』が大ヒットし、ドラマもコメディも好調だった。ワーナーは『JFK』から『バットマン』まで、クリント・イーストウッド氏が製作・監督・主演した西部劇『許されざる者』や活劇『沈黙の戦艦』が成功した。しかし他社は苦戦していた。MGM やその子会社オライオン映画に往年の勢いはなかった。パラマウントと 20 世紀フォックスは映画部門のボスが不在だった。特に 20 世紀フォックスは社主であるオーストラリアのマスコミ王ルパート・マードック氏がワンマン体制を敷いたこともあって、映画部門のトップが 1992 年秋にディズニーに移ってしまった。それ以外は日本のソニー系コロンビア／トライスターと松下系 MCA で、ハリウッドの専門家は「それなりの成績をあげてはいるものの、現状維持」と言う。両社は 1993 年夏にアーノルド・シュワルツネッガーの『ラストアクションヒーロー』とスティーブン・スピルバーグの『ジュラシックパーク』をぶつけ、『ターミネーター2』と『E.T.』のような成功をもう一度狙った。しかし

[45] 1993/02/02 AERA 37 頁「ハリウッドを牛耳る男たち　メジャー8 社の攻防で揺れる映画都市」

約 1 億ドル（約 100 億円）の巨費に見合うメガヒットとなるかは事前に分からない。すでにこの種の「イベント映画」は 10 年前の感覚と見る傾向もあった。「カネ」（巨大な製作費、スターの高額ギャラ）や「モノ」（特撮）だけで観客の共感を呼ぶ時代ではないと言われていた。観客はもっと内容のある作品を求めているとの指摘もある。各社の経営陣は大作こそが大ヒットを生むと短絡的に考え、発想の転換ができなかった。映画会社の運営は難易度の高い事業である。一つのヒット作がかろうじて次回作の活動へとつながる。ディズニーやワーナーが好調なのは関係する他部門が強力だからでもある。他社も多様なエンターテイメント兼メディア産業へと多角化した[46]。

スピルバーグ監督ら 3 人で新会社設立

　1994 年にハリウッドを揺るがす新会社が設立された。スティーブン・スピルバーグ監督、ディズニー・スタジオ前会長のジェフリー・カッツェンバーグ氏、ゲフィン・レコード会長のデビッド・ゲフィン氏の 3 人が新映画会社設立を発表した。米娯楽業界は「ハリウッドのドリームチーム」と呼んだ。この 3 人の構想は映画会社をもう一つハリウッドに加えるという類のものではなく、ハリウッド BIG6 体制を根幹から揺さぶるものだった。この頃のハリウッド BIG6 とは、(1)ディズニー、(2)パラマウント、(3)ワーナー・ブラザース、(4)MCA（ユニバーサル）、(5)20 世紀フォックス、(6)コロンビア・トライスターだった。これら 6 社のうち 5 社で過去 10 年に買収、合併が起こった。20 世紀フォックスはメディア王のルパート・マードック氏の傘下に、ワーナーはタイムと合併、パラマウントはバイアコム傘下に、そして MCA は松下電器産業に買収され、コロンビアはソニーに買収された。不動なのはディズニーだけという有り様だった。それだけにハリウッド関係者の危機感は強かった。この延長線上に出てきた上記 3 人の構想は「大手スタジオのハリウッドへの奪回」と見られた。カッツェンバーグ氏は「新会社は主権国家」、スピルバーグ氏は「スタジオはそこの人々の個性と意見で動いているときが最高」とコメントした。これらの発言は、外部資本の経営に対するハリウッドの不満と見られた。特に松下とソニーに対しては、日本の、しかも家電業界という異業種からか、映画関係者からの反発が大きかった。マルチメディア時代を迎えて、日本企業特有の決断の慎重さが仇になるとの見方も強かった。すでにハリウッド大手はコングロマリットで、映画、音楽、テレビ、テーマパークと巨大資本だけが参入できる事業になっていた。3 人はそれを熟知して

---

[46] 1993/02/02 AERA 37 頁「ハリウッドを牛耳る男たち　メジャー8 社の攻防で揺れる映画都市」

いた。3人はハリウッド BIG6 のどこと提携するか、経営権を握るか。3人の人的、業務的つながりから MCA（松下）を第一ターゲットにしていると見られた[47]。

5. ハリウッド BIG5 の動向と業績（2010 年代以降）

2017 年にウォール・ストリート・ジャーナル日本版が「ソニーとパラマウント、B 級抜け出せない理由」という記事を出すほど、パラマウントとソニーは長い不振に陥っていた。両社は新たな経営トップを探す一方、数年にわたる親会社からの投資不足に直面していた。ハリウッド BIG6 の中でパラマウントは 2013 年以来、興行収入ランキングの最下位に留まり続け、ソニー・ピクチャーズは 5 位か 4 位だった。パラマウントの収益は 5 年連続で減少し、2016 年 9 月期決算での損失は 4 億 4500万ドル（約 445 億円）に達した。ソニーは映画部門とテレビ部門を合わせた全体の収益しか報告していないが、同事業で発生した約 10 億ドル（約 1000 億円）の減損損失を計上した。また興行の失敗が続いたため映画事業の収益見通しを下方修正した。一方、メディア大手バイアコムは傘下のパラマウントの株式 49% を売却する計画を断念した。ソニーは映画事業の売却先を探しているという噂を否定した。両社は新経営陣の下、映画事業の好転を目指すものの、両社は悪戦苦闘していた。映画界で支配的立場を築いてきたディズニーでさえ、それに貢献した人気シリーズのほとんどは、数十億ドルで買収したピクサー、マーベル、ルーカスフィルムによるものである。ゼネラル・エレクトリック (GE) 傘下にあったユニバーサルも 2011 年に米 CATV最大手コムキャストに買収されるまで、数年間にわたって興行収入が最下位だった。コムキャストはユニバーサルの年間制作費を 8.5 億ドル（約 850 億円）から約 12 億ドル（約 1200 億円）に増やし、そのコンシューマープロダクツ事業とテーマパーク事業に投資し、2016 年にはドリームワークス・アニメーション SKG を買収した。このような投資はユニバーサルの収益を押し上げ、従業員の士気の改善につながった。

この頃、ソニー・ピクチャーズの新 CEO 探しはめどが立っていなかった。ソニーには投資額が大きいテレビ部門も含まれる。トム・ロスマン氏は映画部門の会長に就任した 2015 年以来、国際市場をより重視し、プレイステーションのゲームを映画化することで業績回復を目指してきたが、興行収入は改善されていない。ソニーの吉田憲一郎 CFO は同年 2 月に「業績不振の家電部門のために長期的なキャッシュフローを犠牲にして短期的に資金を調達するという決断は、映画部門低迷が一因」と述べ

---

[47] 1994/10/18 日本経済新聞　朝刊 3 頁「スピルバーグ氏らの新会社、ハリウッドが"逆襲"——スタジオ狙い MCA に的。」

た。同 CFO はスパイダーマンの**商品化権**の 25% をマーベルに売却するという 2011 年の決断に言及した。ソニー・ピクチャーズに対するハッキングで流出した文書によると、マーベルはその合意の下で約 1.8 億ドル（約 180 億円）を支払い、長期の係争が解決された。スパイダーマンの**映画化権**は依然としてソニーが保有している。パラマウントとソニー・ピクチャーズは 2007〜2017 年に、映画事業を拡大するための資産を購入してこなかった。かつてマーベルやドリームワークスの作品を配給していたパラマウントは両社の買収を検討したが、マーベルはディズニーに、ドリームワークスはコムキャストに買収された。ソニー・ピクチャーズは長年配給してきたジェームズ・ボンド・シリーズを制作する MGM の買収を協議していたが、MGM は組織再編を経て独立企業となった。従業員らによると、ソニー・ピクチャーズの買収候補にはドリームワークス・アニメーションや有料ケーブルチャンネルのスターズ（Starz）が挙がっていた。スターズは結局、ライオンズ・ゲート・エンターテイメントに買収された[48]。

ハリウッド BIG6 の順位

　以上のことから、ハリウッド BIG6（現 BIG5）は毎年ヒット作で大きく左右されるものの、「圧倒的王者ディズニー、2 位のワーナー、最下位をパラマウントとソニーで争っている」と考えていい。多くの日本人は、「圧倒的王者ディズニー、それを追うユニバーサル、3 位以下は知らない」と思うだろう。そのランキングはテーマパーク事業での順位である。ハリウッド大手は映画会社として始まって、アニメ制作、テレビ局、CATV、テーマパーク、ホテル、リゾート、キャラクターグッズなどに多角化し、M&A を繰り返しコングロマリットとなっている。

6. まとめ

　本編では、ハリウッドとは何か考察した。ここで日本の漫画産業と比較する。日本の漫画産業の大手企業は、読者アンケートを頻繁に行い、読者の好みを把握する。もし面白くなかったという意見が多かったら連載停止もあり得ると噂される。特に集英社の『週刊少年ジャンプ』は読者アンケートの結果を重視しているようで、漫画家が好きなように描くのではない。日本の漫画業界では、売れる漫画がいい漫画なので、売れるように担当者が誘導する。大ヒット漫画『ドラゴンボール』ですら、作者の鳥山明先生は担当者に「没（ボツ）」と言われて描き直しを命じられた。鳥山明先

---

[48] 2017/03/17 ウォール・ストリート・ジャーナル日本版「ソニーとパラマウント、B 級抜け出せない理由」

生の作品には「没」と言う担当者がたびたび出てくる。そのくらい漫画家の望むように描かせてもらえず、売れる見込みのある内容を描かされる。

　ハリウッドは夢と憧れを売って資金調達する。ハリウッドの成功者たちは社会的地位が高い。日本で成功している漫画家やアニメーターの社会的地位が高いのと同じである。ウォルト・ディズニーは1928年にミッキーマウスの映画『蒸気船ウィリー』がヒットした時、ミッキーマウスをぬいぐるみや食器などのグッズ販売を持ちかけられたので発売した。そうしたら、驚くことにアニメ映画よりもグッズ販売の方が利益率が高かった。スターウォーズでも、映画よりもグッズ販売の方が利益率が高いのではないか。だからハリウッドではキャラクターグッズが売れる映画がよい映画とされる。日本の漫画・アニメ業界でもキャラクターグッズ販売が重視されており、両者は類似の産業特性を持つ。

第3章　ワーナー・ブラザースのテーマパーク参入戦略
〜ディズニーやユニバーサルのように成功せず〜

1. はじめに

　2020年7月、「横浜にディズニー級テーマパーク構想」が報道された[49]。横浜市瀬谷区・旭区にまたがる米軍上瀬谷通信施設跡地（約242ha）にディズニー級のテーマパーク構想が総工費1300億円で計画され、アメリカの映画会社の名前が出ていると、筆者はある大手メディアから取材を受けた。テーマパークに1300億円投資できる米大手映画会社ということは、真っ先にワーナー・ブラザースかパラマウント映画（第6章）だと筆者は思った。

　本章では、ワーナー・ブラザースのテーマパーク事業の国際展開の経緯を考察する。パラマウントのテーマパーク事業については第5章で取り上げる。

2. ワーナー・ブラザースの概要

　ワーナー・ブラザースこと、ワーナー・ブラザース・ピクチャーズ・コーポレーション（Warner Brothers Pictures Corporations、日本名：ワーナー・ブラザース映画）の公式サイトの会社概要に[50]よると、同社は次のようになっている。

　ワーナー・ブラザース（以降ワーナー）はエンターテイメント企業で、あらゆるタイプのエンターテイメントの制作、配信、ライセンス供与、マーケティングにおける世界的リーディング企業である。最初のワーナーの事業は映画撮影スタジオで、世界で最も成功した映画会社の一社である。長編映画、テレビ、デジタル、ホームエンターテイメントの制作から配信、DVD、Blu-ray、アニメ、コミック、ビデオゲーム、製品、ブランドのライセンス供与など幅広く展開している。ワーナーは1923年4月4日にワーナー兄弟　（アルバート、サム、ハリー、ジャックL.）が設立した。

　ワーナー・ブラザース映画グループは毎年広範囲にわたる多様な映画を製作し配給している。2008年からワーナー・ブラザース・エンターテイメントの一部であるニューライン・シネマは、映画のパフォーマンスと運営効率を最大化するためにワー

---

[49] 2020/07/20 朝日新聞デジタル「横浜にディズニー級テーマパーク構想　米映画会社の名も」2021年4月24日アクセス
https://www.asahi.com/articles/ASN7M5KBPN7JUTIL031.html
[50] Warner Bros. COMPANY OVERVIEW, 2023年7月2日アクセス
https://www.warnerbros.com/studio/about/company-overview

ナー・ブラザース映画グループと開発、製作、マーケティング、配給、事務活動を行っている。**ワーナー・ブラザース・テレビジョングループ**はテレビ番組やアニメなどのテレビ番組制作事業を行う。**ワーナー・ブラザース・ディスカバリー・グローバルブランド・アンド・エクスペリエンス**は、消費者が同社の主要なエンターテイメントブランドやフランチャイズと関わる機会を推進するグローバル部門である。**ワーナー・ブラザース・エンターテイメント**はカリフォルニア州バーバンクの 142 エーカーのワーナー・ブラザース・スタジオ敷地内に本社を置き、世界有数の映画とテレビ番組制作、ポストプロダクション施設の 1 つで、36 のサウンドステージがある。**ワーナー・ブラザース・ワールドワイド・スタジオ・オペレーションズ**は英国にある同社のスタジオ、ワーナー・ブラザース・スタジオ・リーブスデンを管理している。このスタジオは映画制作現場となっている 160 エーカーの制作施設である。

ワーナーの社史概要

　ワーナー・ブラザース映画はポーランド移民の 4 人の息子、ハリー、アルバート、サム、ジャック（姓：ワーナー）が 1903 年に興行を開始し、映画製作業に転じ、1923 年に創立された。1926 年にレコード式トーキー「バイタフォン」を開発し、1927 年に『ジャズシンガー』で大成功を収めてメジャー（大手）の仲間入りを果たした。1930 年代は世界恐慌で経営難に陥ったが、世相を反映したギャング映画のヒットで乗り切った。その後、テレビの台頭による低迷の 1950 年代を経て、1967 年にカナダ資本の製作会社セブンアーツに併合され、1969 年に金融業キニー・ナショナルサービス傘下になった。1970 年代以降は順調で、1989 年に出版業の巨大企業**タイムと対等合併**し、親会社はタイム・ワーナー（以降 TW）と改名した。1995 年にテッド・ターナー率いる大手 CATV 会社 TBS（日本のテレビ局の TBS とは無関係）を買収し、世界最大規模のメディア企業になった。ワーナーの代表作は『ゴッドファーザー』『ローマの休日』『地獄の黙示録』『ベニスに死す』『リーサル・ウェポン』『インディー・ジョーンズ』『スタートレック』『ターミネーター』『ミッション：インポッシブル』『フォレストガンプ』『トランスフォーマー』『マトリックス』などである（BSfan, 2000, 15 頁）。

　これ以外に多数のヒット映画があるので、同社は大型テーマパークに耐えうるコンテンツ力を擁する。

3. テーマパーク事業の国際展開
オーストラリアに映画のテーマパーク開業

　1991 年 6 月、ワーナーはオーストラリアのクインズランド州（人気観光地ゴールドコーストの郊外）にテーマパーク「**ムービーワールド**」を開業した。同州政府はムービーワールドというテーマパークを軸にした観光と映画産業の振興で地元経済の活性化を狙う。1994 年 7 月にワーナーはハリウッドを志向する映画都市構想をし、ムービーワールド拡張すると発表した。同州政府は自然資源や助成策を売りにアメリカやアジアなどから映画や TV 番組の製作を誘致していた。州政府や地元警察などが交通整理など撮影に全面的にバックアップする。ハリウッドより安い人件費などを武器にする。ムービーワールドを経営するワーナーと<u>**豪ビレッジ・ロードショー**</u>の 2 社は同月、6000 万豪ドル（43.2 億円：1 豪ドル＝約 72 円）を投じてテーマパークを拡張する 5 年計画を発表した。アメリカで人気のジェットコースターなど新たに 3 つの設備を建設する。パークの敷地は 160ha あるが、その頃は 40ha を使用しているだけだった。「この設備投資でパークの規模は 10 年以内に倍増する」とムービーワールド財務担当のピーター・バロウズ氏は述べた。ゴールドコーストに来る日本人観光客の大半はムービーワールドを訪れる。年間来場者数もアジア各国からの観光客が主に増加しており、1993 年の入場者数は 130 万人だったが、2000 年に 200 万人に増えるとみていた。パーク内に映画セットを模した街並みが再現され、バットマンやワンダーウーマンなど人気キャラクターがいる。映画『ポリスアカデミー』など人気作品が映画セットを使ったスタントマンによるショーで再現されている。同パークは同州の観光の目玉の一つとなっていた。同パークに併設された撮影施設は映画産業振興の拠点としての期待も担う。撮影施設の広さは約 5000 平米で、映像と効果音を合成する特殊音響棟が 5 ヶ所、編集室、衣装棟、研究所などが敷地内にある。観光コースにこれらが組み込まれているため、特殊映像効果を体感し、忙しく動き回る撮影スタッフや撮影の合間にたばこを吸う俳優らを見ることができる。パシフィック・フィルム・アンド・テレビジョン・コミッションのロビン・ジェームズ理事長は豪州での映画製作のメリットを売り込む。映画製作の人件費は米ハリウッドに比べ 30〜40% の水準となる。同コミッションはクインズランド州政府が後ろ盾となって設立され、世界の映画製作会社に豪州での製作を誘致した。同コミッションが作成した米国と豪州との製作費を比較すると、製作スタッフの人件費はほぼ 50% 以下である。さらに州政府は一定金額以上を製作費として地元で使えば、給与支払税など州税を免除する優遇措置を実施している。同理事長は「アジアの映画製作拠点である香港と比較しても製作費は低い」「豪州で採用する製作スタッフはカデミー

賞作品の撮影経験者も多く、米国での製作と比べ遜色ない支援態勢が整っている」と述べた[51]。

ロンドン郊外にワーナーのテーマパーク計画発表

1996 年 2 月、ワーナーと英メディア会社の MAI はイギリスのロンドン近郊にテーマパークを持つ映画・テレビ向けスタジオ施設を建設する計画を発表した。両社は建設費用などとして 2 億 2500 万ポンド（360 億円：1 ポンド＝約 160 円）を折半出資し、1999 年までに開設する。開設地はヒースロー空港近くのヒリンドンで、150 エーカーの土地にスタジオ施設、テーマパーク、駐車場などを設置する。テーマパークは 4 月から 9 月の 6 ヶ月とシーズンを限ってオープンし、家族でライブショーや英米の映画を題材にした娯楽施設にする。ワーナーと MAI の施設が開設されればイギリスでは第二次大戦後初の新設映画スタジオとなる[52]。しかし 2024 年現在、イギリスにそのような施設は無いようである。

熊本県にタイム・ワーナー系の複合型レジャー施設を誘致

1997 年 12 月、熊本県は天草地区にタイム・ワーナー系の複合型レジャー施設の誘致を開始した。この頃、ワーナーは映画のキャラクターグッズ販売店を展開するなど、世界戦略を推進していた。熊本県の天草地区では本渡市から五和町にかけてのゴルフ場開発計画が頓挫し、約 90ha の土地を活用したい。熊本県は観光客誘致による地域活性化を目指している。熊本県は 1997 年秋、同グループの企画担当部門に九州の人口や気象、経済情勢などに関する資料を送付した。施設の内容は自然を生かしたレジャー施設、映画キャラクターのテーマパークなどが候補に上がっており、海外客を含め年間 1000 万人程度を集客したい。天草地区では道路事情の悪さなどが足を引っ張り、年間観光客約 490 万人で停滞していた。地域振興を目指す西武鉄道グループによるゴルフ場開発計画も、一部地権者が用地買収に応じず白紙撤回になった。跡地の利用は社団法人・民間活力開発機構に計画作成を委託しており、これと並行して大型レジャー施設の建設準備を進め、「天草海洋リゾート基地建設構想」の柱とする[53]。しかし 2024 年現在、天草にワーナーのレジャー施設は無いようである。

---

[51] 1994/07/19 日経産業新聞 3 頁「豪クインズランド州、映画都市へ意欲——観光の目玉に官民協力、製作誘致。」
[52] 1996/02/14 日本経済新聞 夕刊 3 頁「ワーナー・ブラザーズと MAI、英国版「ユニバーサルスタジオ」建設（ダイジェスト）」
[53] 1997/12/29 日本経済新聞 西部朝刊 社会面 17 頁「熊本県、ワーナー系レジャー施設、天草へ誘致に乗り出す——担当者、来月にも訪米。」

アブダビ政府系企業と会社設立、テーマパーク等を計画

　2007 年 9 月、ワーナー・ブラザース・エンターテイメントとアラブ首長国連邦（UAE）のアブダビ首長国政府系の 2 社は、映画とビデオゲーム製作の合弁会社を折半出資でアブダビに設立すると発表した。共同で映画館、ホテル、テーマパークを設ける。ハリウッドを湾岸に移植する試みで、中東随一の文化・娯楽都市を目指すアブダビと、中東市場開拓を目指すワーナーの利益が一致した。アブダビからは不動産開発会社アルダール・プロパティーズとアブダビ・メディア・カンパニーが合弁会社に出資する。資本金などは明らかにしていないが、全体の事業規模は 20 億ドルを超す見込みで、テーマパークの着工は 2009 年の予定である。映画は英語とアラビア語の 2 ヶ国語で作成する。アラビア語の映画はエジプト製が主流だったが、対抗してアブダビ製の映画を中東市場で広く販売したい。合弁会社が開発するビデオゲームはワーナーが世界で売り出す。テーマパークやホテルはワーナーがデザインを支援する。複数のスクリーンを持つ 4 軒の映画館を 2010 年 3 月までに建設し、ワーナーが運営する[54]。

ロンドン郊外にワーナー・ブラザースのテーマパーク開業

　2012 年 3 月、ハリーポッターシリーズの撮影セットを展示した施設「ワーナー・ブラザース・スタジオツアー・ロンドン」がロンドン郊外にオープンした。同施設は実際に映画の撮影が行われたロンドンの北西約 30 キロの撮影所敷地内にある。ホグワーツ魔法魔術学校の 24 分の 1 模型などを展示する。日本語の自動音声ガイドも利用できる。現地でのチケット販売はなく、入場は公式サイトや旅行代理店を通じて予約が必要となる。入場料は大人 28 ポンド（約 3700 円）、子供 21 ポンドである[55]。

ワーナーブラザース・ワールド・アブダビが 10 億ドルで開業

　2018 年 7 月、テーマパーク「ワーナー・ブラザース・ワールド・アブダビ」がアブダビにオープンした。約 15 万平米の世界最大規模の完全屋内型テーマパークで、約 10 億ドルかけて郊外のヤス島に建設された。ワーナー・ブランドの屋内テーマパークは世界初である。『バットマン』や『スーパーマン』など人気映画やキャラクターをテーマにした 6 つのエリアがある。**ミラル・アセット・マネジメント**が開発し

---

[54] 2007/09/28 日経産業新聞 4 頁「米ワーナー、アブダビに映画会社、政府系 2 社と折半出資。」
[55] 2012/03/17 毎日新聞　朝刊 8 頁「英国：ロンドンにいらっしゃい　ハリポタ撮影セット、展示施設オープン　郊外に 31 日」

た。アブダビ文化観光局は「これはアブダビが経済多角化に向けてさらに多くの来訪者を誘致する計画の一環で、レジャー施設の増加は観光客数の拡大と平均宿泊日数の延長の双方に貢献する」とコメントした[56]。なお、この隣に「フェラーリ・ワールド・アブダビ」やF1サーキットがあり、一大リゾート地になっている。

マカオのカジノリゾート内にワーナーのテーマパーク開業

2015年11月、マカオのカジノ運営大手、新濠博亜娯楽（メルコ・クラウン・エンターテイメント）は、マカオに複合リゾート「スタジオシティ」をオープンした。それはワーナーと組んだ屋内テーマパークで、家族客を取り込みたい。ローレンス・ホーCEOは「中国で台頭する中間層を取り込みたい」と述べた。投資総額は32億ドル（約3900億円）で、映画『バットマン』をテーマにしたシミュレーションライド、子供向け屋内テーマパーク、マジック専用劇場などカジノ以外の施設を数多く備えた。ホテル中央部に地上約130メートルの8の字型観覧車を設置した。併設したカジノにVIPルームを設けないなど、一般の家族客を意識した作りにした。中国の景気減速や習近平指導部が進める反腐敗運動の影響を受けて、マカオ全体の同年10月の賭博業収入は前年同月比28%減と17ヶ月連続の前年割れを記録した[57]。

東京のとしまえん跡地にハリーポッターのスタジオツアー

2020年2月、ワーナーがハリーポッターのテーマパークを2023年春に東京に開業すると発表した。「としまえん」（東京都練馬区）が2020年に閉園した後、ワーナーが跡地の一部に建設する。ワーナーは、**西武**グループが所有する敷地（約20ha）の一部を借りてテーマパークを建設する。東京都が残りの土地を買収し、一帯を大規模公園として整備する。ワーナーと西武、東京都などが協議を進める。テーマパークのコンテンツは映画撮影に使われたセットを見学できるロンドンの施設を参考に検討される。ロンドンでは、巨大な魔法学校のホールや商店街、鉄道などのセットを散策し、魔法の杖などの小道具を見学できる。こうした施設は**スタジオ型**と呼ばれる。乗り物型アトラクションがある米国のユニバーサル・スタジオや、大阪のUSJと異なるタイプとなる。としまえんは1926年に開園し、遊戯施設やプール、温泉施設などがある都内有数の遊園地だった。東京都は2011年の東日本大震災後、防災対策の

---

56 2018/08/01 ジェトロ・ビジネス短信「ワーナーブラザース・ワールド・アブダビが開業（ドバイ発）」
57 2015/11/06 日経MJ（流通新聞）10頁「マカオのカジノ大手、複合リゾート、米ワーナーと。」

一環として大規模公園にする計画を決めた。東京都は西武に買収を提案したが、近年は交渉が停滞していた。関係者によると、2019 年頃からハリーポッターの施設を提案したワーナーが加わり、交渉が再び動き出した[58]。

　ワーナーが東京にハリーポッターのテーマパークの建設を計画するのは、日本が米国に次ぐテーマパーク大国で、多くの集客が見込めるからである。一方、約 1 世紀にわたる歴史を持つ「としまえん」の閉園は、中小規模の遊園地の苦境を示していた。ワーナーが検討しているハリーポッターのスタジオ型施設は、ロンドンの「ワーナー・ブラザース・スタジオ・ツアー　ザ・メイキング・オブ・ハリー・ポッター」に続く 2 ヶ所目となる。映画撮影で実際に使われた本物に触れることで、ハリー・ポッターの世界に入った感覚を味わえる。イギリスの施設では休暇シーズンは事前予約を取るのも難しい。ワーナーがこうした人気施設を日本に設置するのは「アジア最大の市場である日本は重要な拠点で、世界で展開する意図がある」と関係者は言う。ワーナーは早くから日本市場に目を付け、「全国各地の 2 桁以上の候補地から厳選して絞り込んだ」と関係者は述べた。結果的に、すでにハリーポッターの施設がある大阪市の USJ 以外で、最も集客が見込める東京 23 区内のとしまえん跡地を選んだとみられる[59]。

　施設の運営はワーナーの**日本法人**が行う。2012 年にワーナーが開設したロンドンの施設「スタジオツアーロンドン」は来場者が累計 1400 万人を超える人気である。日本進出はワーナーから相談を受けた**伊藤忠商事**が仲介役を担った[60]。そして 2023年 6 月に、としまえん跡地にハリーポッター施設がオープンした。

横浜の「ディズニー級テーマパーク」計画中止

　2021 年 4 月、横浜市西部の米軍施設跡地（約 242ha）でテーマパーク誘致の検討が中止された。横浜市が 2020 年 3 月に計画で示した将来的な跡地の集客目標は TDL並みの年間 1500 万人である。しかし計画から 1 年以上経っても、具体像は明らかにならず、計画は暗礁に乗り上げた。林文子市長は 2019 年 12 月、ここにテーマパークを核とした複合的な集客施設の誘致を想定し、うち約 125ha を「観光・にぎわいゾーン」として開発すると発表した。テーマパークの検討を主体的に進めているの

[58] 2020/02/03 東京読売新聞　朝刊 1 頁「としまえん跡　ハリポタ施設　テーマパーク 23年春めど　ワーナー　一部借地」
[59] 2020/02/03 東京読売新聞　朝刊 4 頁「ワーナー　東京の集客力期待　テーマパーク　国内好調」
[60] 2020/08/19 朝日新聞　朝刊 6 頁「ハリポタ、魔法の世界へようこそ　2023 年にオープン　東京・としまえん跡＝訂正・おわびあり」

は、「まちづくり協議会」という民間地権者約 250 人でつくる組織で、2019 年 10 月に相鉄ホールディングス（本社横浜市）を「検討パートナー」に選んだ。相模鉄道（以降、相鉄）が実質的にテーマパーク誘致をめぐる交渉を担っているとみられた。相鉄は検討パートナー選定に先立つ 2019 年春、地権者らにテーマパーク誘致を提案していた。海外調査機関の調査結果として、居住人口や観光客が多い首都圏の市場規模などから、超大型テーマパークの実現可能性があると言及した。横浜市も独自に検討し、大規模テーマパークを中心に年間 1500 万人の集客が可能と判断した。しかし関係者への取材を総合すると、相鉄は水面下で米大手映画会社と共同事業を目指して交渉したが、2020 年春に不調に終わった。1000 億円規模ともされる投資への合意が得られなかったとみられる。その後も複数の事業者と協議し、テーマパークを含めた複合的な集客施設の検討を続けているが、実現は困難になったとみられる。コロナ禍で事業者や相鉄の経営が悪化したことも影響を及ぼしたようだ。地権者の多くは、検討の詳細を知らされていないとみられる。しかし横浜市は年間 1500 万人は見込めるとの立場を変えておらず、平原敏英副市長は朝日新聞の取材に「時間がかかっているのは事実だが、検討は進んでいる。公表できる時期が来れば公表する」と述べた。一方、まちづくり協議会の幹部は「取材には応じかねる」、相鉄の広報担当は「協議会への提案内容はお答えできない」とした。同基地は旧日本海軍の施設を終戦直後に米軍が接収し、いったん解除されたが 1951 年に再び接収され、米海軍の通信施設として使われ、2015 年 6 月に日本に返還された。防衛省南関東防衛局によると、平成以降に全国で全面返還された米軍施設で最も広い。民有地が約 45%、国有地が約 45%、残りを市有地が占める。横浜市は 2019 年 3 月、土地利用基本計画をつくり、「郊外部の新たな活性化拠点」として開発すると決めた。農業振興（約 50ha）、観光・にぎわい（約 125ha）、物流（約 15ha）、公園・防災（約 50ha）の 4 ゾーンを設定している[61]。

4. 考察

本章では、ワーナーのテーマパーク事業の国際展開の経緯を考察し、次の点を明らかにした。

第 1 に、1991 年に豪ゴールドコースト郊外にワーナーのテーマパーク「ムービー・ワールド」がオープンし、1994 年に約 43 億円を追加投資して拡張した。ワーナーと州政府はこの周辺を豪州の映画製作拠点にしたい。映画製作の人件費は米ハリウ

---

61 2021/04/22 朝日新聞デジタル「横浜・米軍跡地のテーマパーク誘致、ディズニー級困難に」2023 年 7 月 4 日アクセス
https://www.asahi.com/articles/ASP4P6WMYP4KULOB00Z.html

73

ッドに比べ 30〜40%の水準で収まる。州政府はムービー・ワールドというテーマパークを軸にした観光と映画産業の振興で地元経済の活性化を狙う。州政府は一定金額以上を製作費として地元で使えば、給与支払税など州税を免除する優遇措置を実施する。このような優遇策は民間企業一社の努力ではどうすることもできない。国家の政策を見ていて、チャンスが来たら乗ることが重要である。

第2に、ワーナーは3回日本進出を試みて、1回目は実現しなかったが、2回目と3回目は実現した。1回目は1997年に**熊本県**天草地区にタイム・ワーナー系の複合型レジャー施設が計画された。熊本県は観光客による地域活性化を目指した。2回目は大阪の USJ に約450億円が投じられ、2014年にハリーポッターのエリアがオープンした。3回目は2023年に東京のにハリーポッターの「スタジオツアー東京」がオープンした。

第3に、2007年にワーナーと**アブダビ**政府系の二社は、映画とビデオゲーム製作の合弁会社をアブダビに設立し、映画館、ホテル、テーマパークを設置し、ハリウッドを湾岸に移植する。アブダビは文化・娯楽都市を目指し、ワーナーは中東市場開拓したい。アブダビでワーナーと地元投資家が10億ドルを投じてテーマパークを建設した。

第4に、2015年に**マカオ**のカジノリゾート「スタジオ・シティ」内にワーナーのテーマパークを総事業費約3900億円で開業した。中国人のカジノ人気を見て、マカオ進出したのだろう。マカオにはカジノのみならず、他の多くの種類のエンターテイメント産業が盛況である。

5. まとめ

ワーナーはディズニーとユニバーサル・スタジオのテーマパーク事業の成功を見てきた。映画資源を生かしたテーマパーク展開の理想的なビジネスモデルが身近にあるからこそ成功を焦るのではないか。

ワーナーは 1991 年にオーストラリアのムービー・ワールドを成功させたとはいえ、ディズニーランドに比べると小型である。ロンドン郊外のハリーポッター「スタジオ・ツアー」、大阪の USJ のハリーポッターエリア、東京のハリーポッターツアーと、小型の出店を続けている。本当はディズニーランドのような大型テーマパークを新設したいのだろう。2021 年5月に横浜の「ディズニー級テーマパーク」計画が頓挫した。頑張っているのに突破できずもどかしい。今後どうなるか研究を続ける。

第4章 ワーナー・ブラザース・スタジオストアの栄枯盛衰
～コンテンツ力が高くても難しいキャラクター商品～

1. はじめに

　アメリカの大手映画会社ワーナー・ブラザース（第4章参照、以降ワーナー）は、1990年代にワーナー・ブラザース・スタジオストア（以降WBスタジオストア）を国際展開した。日米欧の一等地に豪華な店舗を出店し、一時的に成功を収めたものの、2001年のアメリカ同時多発テロ後に全店閉鎖に陥った。コンテンツ力が高くてもキャラクター商品事業は難しい。

　本章では、WBスタジオストアの出店の経緯と現地企業との提携および多店舗展開から人気を失って全店閉鎖に至る過程を考察する。第1に日米欧などでの積極展開、第2に不採算店舗の閉鎖から全店閉鎖までの経緯を考察する。

　なお、WBスタジオ・ストアは2024年現在、アメリカのロサンゼルス郡バーバンクのワーナー大通りにある1店舗のみで、しかも実際のワーナー映画の撮影所を乗り物に乗って見て回る見学ツアーに隣接されている[62]。

2. WBスタジオストアの積極展開
米国内展開

　1992年3月、ワーナーはキャラクター商品専門店の店舗展開を本格的に始めると発表した。同年5月に開くラスベガス店が1号店で、1992年末までに全米各地に合計10〜15店舗を開設する計画だった。ディズニー社は日本初のキャラクターストア「ディズニーストア」を含め、同年末までに米国内外にディズニーストア65店舗を開店する。ワーナーはラスベガスの有力カジノホテル、シーザース・パレス内にオープンする大型ショッピング・センターにWBスタジオストアを出店する。サンフランシスコ、マイアミなどに出店候補地を検討中だった。WBスタジオストアの店内はファンを飽きさせないよう工夫されている。中央奥に設けられた大スクリーンで常に人気映画が上映され、3次元の映写技術を使って映画製作を説明するブースや画面に指を触れるだけで塗り絵を楽しめるマシンなど新しい設備がある。ジェームズ・ディーンやマリリン・モンローのポスターや伝記本のほか、人気アニメのバッグズ・バ

---

[62] WARNER BROS. STUDIO TOUR HOLLYWOOD, 2024年3月1日アクセス
https://www.wbstudiotour.com/ja/

ニーやダフィー・ダックなどのぬいぐるみや、スーパーマンやバットマンの T シャ
ツ、ジャケットなど幅広い客層を対象にした品揃えがある。ワーナーは 1991 年秋、
ロサンゼルスとシカゴ郊外、バージニア州の高級ショッピングセンター内に専門店 4
店舗を開店した。ワーナー・ブラザース・コンシューマー・プロダクツのロマネリ社
長は「各店舗の 1 平方フィートあたりの売上高はショッピングセンター平均の 5 割
増しで、我々の予想をはるかに上回る」と述べた。景気低迷の中で専門店の業績が好
調なため、このような強気な出店計画を決めた。ディズニーは 1987 年にディズニー
ストアの第 1 号店をロサンゼルス郊外に開き、全米各地と英国内に 126 店舗になっ
た。リトルマーメードや 101 匹ワンちゃんなど映画人気にあやかって新しいキャラ
クター商品の売り上げが好調だった。同社のリチャード・ナヌラ CFO は「ディズニ
ーストアの 1 平方フィートあたりの**売上高は業界平均の約 2 倍**にあたる 600 ドル。
今後も映画公開に合わせながら、人気が長続きする商品を売り出す計画」と述べた。
映画のヒットがキャラクター商品の販促につながり、商品が売れれば映画の宣伝に
なる。相乗効果を狙ってキャラクター商品の販売合戦が激しくなっていた[63]。

マンハッタンの高級ショッピング街に初出店

1993 年、ニューヨーク市マンハッタンの「57 丁目」周辺に WB スタジオストア
がオープンした。57 丁目は「5 番街」「マディソン・アベニュー」に負けず劣らず
の超高級ショッピング街である。WB スタジオストアは 57 丁目と 5 番街の角に立つ
ティファニー本店の向かいのビルに入居する。売り場面積は 2800 平米で、バットマ
ンなど映画の人気キャラクターを使ったぬいぐるみ、T シャツ、アニメ映画のビデオ
ソフトなどを扱う[64]。

日本市場進出

1994 年 10 月、WB スタジオストアが 1995 年秋に日本に初出店すると発表され
た。同ストアは米国や欧州で急成長していた。日本でも将来数十店を出店したい。
WB スタジオストアは 1 店あたり 500〜1000 平米の店内に照明や飾り付けを映画ス
タジオ風にして、壁に組み込んだ大画面で短編映画を上映し、天井からぶらさげたキ
ャラクターの人形が動く。楽しみながら買い物できる。1993 年にニューヨークの 5

---

[63] 1992/03/31 日経流通新聞 15 頁「キャラクター商品専門店、米ワーナー、積極展開——年
末まで国内に 10—15 店。」
[64] 1993/08/26 日経流通新聞 27 頁「ニューヨーク——活気づく「57 丁目」かいわい、話題
の店、続々と登場（世界まち街）」

番街に大型店を出した。子供だけでなく、大人にも好評で、米国内に 80 数店、英国を中心に欧州に十数店が運営されていた。1994 年の売上高は約 400 億円に達する見込みとなった。日本では TW、米地域電話会社の US ウェスト、東芝、伊藤忠商事が出資して 1992 年に設立した「タイムワーナーエンターテイメントジャパン」(本社・東京) を中心に、出資 4 社で事業計画を検討していた[65]。

香港やシンガポールで地元企業とフランチャイズ展開

　1994 年 10 月、ワーナー傘下の WB コンシューマー・プロダクツ (本社カリフォルニア州) はアパレル・アクセサリー販売のディクソン・コンセプツ (本社・香港) と提携して、フランチャイズチェーン方式で WB スタジオストアを開店する。米国、欧州では直営店を展開しているが、アジアでは地域の有力企業と組んで市場開拓する。この契約で、ディクソン・コンセプツは香港とシンガポールで出店する。香港には大型 1 号店を 1995 年前半までに開く予定で、5 年間で 100 店舗を目指す。カリーン・ジョレット WB コンシューマー・プロダクツ広報担当は「日本市場開拓のため強力なパートナーを探している」と述べた[66]。

軽井沢と横浜・八景島に実験店舗、日本の共同事業者探す

　1995 年 5 月、TW はダイエーと提携し、WB スタジオストアを展開すると発表した。両社は日本での店舗運営に当たる合弁会社を資本金数億円で設立し、1995 年内に 1 号店を開く。WB スタジオストアは米国で約 100 店展開し、幅広い年齢層の支持を受けていた。ダイエーは日本でも事業化が可能と判断した。TW は 1993 年に開業した軽井沢と横浜・八景島の実験店舗を通して市場動向を探っていた。日本の共同事業主と本格的な店舗展開求める方針で、ダイエーをはじめとする大手スーパー、デベロッパーなどに打診していた[67]。

新宿に日本 1 号店オープン

　1996 年 4 月、WB スタジオストア日本第 1 号店が JR 新宿駅東口前にオープンした。シンボルは 3 メートルの巨大なバットマンで、バックスバニーなど同社のアニメのキャラクターグッズを販売した。映画スタジオをイメージした店内には 300 円

---

[65] 1994/10/15 朝日新聞　朝刊 13 頁「「スタジオストア」日本上陸　米のキャラクター商品小売りチェーン」
[66] 1994/10/28 日本経済新聞　夕刊 5 頁「WB キャラクター専門店、香港などで FC 展開。」
[67] 1995/05/16 日本経済新聞　朝刊 13 頁「キャラクターグッズ店展開、ダイエー——米ワーナーと合弁。」

のコップから 30 万円のポーチまで大人も楽しめる商品が並ぶ。子供が一人で遊べる
スペースも置いた[68]。

ニューヨーク 5 番街の世界最大店舗を改装

1996 年 5 月、ニューヨーク 5 番街の WB スタジオストア売り場を大規模改装し、
3 階で約 2700 平米だった売り場を 8 階で約 7000 平米に拡張する。人気者のバッグ
スバニーを表看板に、スーパーマンがエレベーターをつり上げる仕掛けなどで客を
呼ぶ。近くのディズニーストアは 4 階分に売り場面積 3600 平米で、同社のストアと
しては世界最大である[69]。

ディズニーストアと WB スタジオストア日本で展開

1997 年、日本でディズニーストアと WB スタジオストアが人気だった。店内はそ
れぞれテーマパークのようにアミューズメント要素を取り込み、入店するだけで楽
しめる店作りにしている。その雰囲気を守るために独自のマーケティングマニュア
ルを持つ。例えば、百貨店に出店している店舗は、百貨店の販促広告にディズニース
トアの内容を盛り込まず、ディズニーが独自に広告を打つ。1992 年、東京・日本橋
の高島屋東京店 8 階に開店したディズニーストアは、エレベーターの一基をミッキ
ーマウス一色に模様替えし、開店を告知する買い物袋を作製した。高島屋幹部は「一
つのテナントのためにあれだけのことをするのは高島屋創業以来の出来事」と言う。
ディズニーストアは 2000 年をメドに日本で 100 店舗展開する計画だった[70]。

銀座に日本最大店舗オープン、世界 187 店で売上 5 位か

1997 年 11 月、WB スタジオストアが東京・銀座に日本最大規模の店舗をオープ
ンした。直営店で世界中に 187 店舗（同年内予定）となる。同社ピーター・スター
レット社長[71]はディズニーを意識した戦略、日本市場開拓の構想について取材に答え
た。WB スタジオストア銀座店は同社の日本戦略のフラッグシップ（旗艦店）であ
る。地上 8 階、地下 2 階建てビルの 1 階から 3 階までが売り場で総面積は約 1683 平

---

[68] 1996/04/23 産経新聞　朝刊 22 頁「新宿に米ワーナー1 号店」
[69] 1996/05/24 佐賀新聞 3 頁「NY5 番街にディズニー・ストアー」
[70] 1997/01/07 日経流通新聞 4 頁「日本市場の壁決壊なだれ込む流通外資——顔触れ多彩、
生活に浸透、ディズニーストア。」
[71] ピーター・スターレット（Peter Starrett）社長：1947 年 10 月 27 日、米オハイオ州ク
リーブランド出身。50 歳。ハーバード大・大学院のビジネススクールを卒業し、MBA 取
得。有名デパート、ブルーミングデールズのバイヤーを 15 年間務めた後、1990 年に WB
スタジオストアの副社長に就任し、1992 年社長就任。家族は妻と長男。

米と同社の日本最大店舗である。同社長は「銀座というステータスの高い場所に店を置くことは、日本に進出する以前から構想にあった。日本の顧客を考えれば、銀座の価値は高い。いいタイミングでオープンできた」と述べた。銀座中央通り、デパートの松屋銀座店の正面という銀座の中でも一等地に出店した（店舗住所：東京都中央区銀座 3-5-3）。バブル崩壊で商業価値が高い優良物件は増えた。だが日本市場の中心となり、同社の顔となる店舗だけに、日本の顧客に対してワーナーが最大限アピールできる一等地の舞台が入手できるまで待った。日本進出はダイエーとの提携で日本市場について精通していたが、独自に日本市場の市場調査は行ってきたと述べた。この銀座店に関して入念な日本市場調査に則った理論的な展開があった。「日本ではアニメや映画のキャラクターグッズの市場はまだまだ拡大する。例えば、一番多い質問である売上目標など具体的な数字は明らかにできないが、年内の売上は高い見込み」と述べた。同社長は大学時代から映画関係の仕事に就くことが夢だった。回り道をしたが、「夢が叶って嬉しい。知人からも小売業の中で一番いい事業だといわれる。楽しく、最新のものを扱い、そして夢がある。夢があるから楽しめる」「銀座店の売り上げは年内に世界 187 店舗となる当社の中でベスト 5 に入るのは間違いない」と述べた[72]。

　この頃、WB スタジオストアが最大のライバルと位置づけたのがディズニーストアである。ディズニー社はディズニーストアを 2000 年までに 100 店舗にすると発表した。1997 年 11 月時点で WB スタジオストアは銀座店で日本 8 店目だった。スターレット社長は「大きく水をあけられている」「ディズニーのキャラクターは低年齢層がメーンターゲットだが、我々のキャラクター商品のターゲットは大人を含めた幅広い層。日本市場以外でもディズニーとは競合している」と言う。同社長は大手デパートのバイヤーなど小売部門で活躍したので、「商品に最も身近なところで学んだことが大きな力となった」と言う。15 年間、厳しい競争の業界で培った手腕を見込まれて、1990 年に WB 社に引き抜かれた。キャラクターグッズを中心とした直営店の展開を計画していた時だった。最初の肩書が副社長で、「当時は誰も小売りの経験を積んだ人間がいなかった。経営のノウハウを知るのは私だけだった」と言う。WB スタジオストアは 1991 年にロサンゼルスに 1 号店をオープンしてから 1992 年までに全米主要都市に 20 店舗オープンした。1993 年度に英国に初上陸し、全 55 店舗、同社長就任から 2 年で 100 店舗を超えた。同社長はハーバード大・大学院で MBA 取得している。MBA はマネジメント部門への就職のパスポートであるが、成功する

---

[72] 1997/11/06 日刊スポーツ 22 頁「連載　ザ・ビッグマン　WB スタジオストア　P・スターレット社長(1)」

かは別の問題である。同社長は「高学歴は就職するためのパスポートであって、就職後の成功とは関係ない。出身大学の順に仕事能力が高いわけでもない」「長い現場経験が私の財産」と言う。小売業界での下積みで得た実績と実力が、ワーナーにとって未知の分野だったキャラクター商品販売を成功させた[73]。

3. 不採算店舗の閉鎖から全店閉鎖まで
日本の3店舗閉鎖、狭くて品揃えが不十分で採算とれず

　1998年8月、WBスタジオストア・ジャパンはWBスタジオストアの出店戦略を見直すと発表した。8月末までに2店を閉鎖し、11月には日本での1号店となった新宿店も閉店する。3店閉鎖により営業店舗は5店となり、2001年までに日本で50店展開という当初目標を2年延ばすことにした。閉鎖するのは、新宿店、札幌店、多摩そごう店（東京都）である。閉鎖理由は、店舗面積が狭く品揃えが不十分で、エンターテイメント性を高めた店づくりができなかったからである。同店は熱狂的なファンや一部の固定客は獲得できたものの、採算ベースに乗らなかったため、出店戦略の見直しに踏み切った。旗艦店となる銀座店が好調なため出店凍結など事業全体の見直しはない。店舗閉鎖で経営資源を集中させることで、11月末に大阪・梅田に出店するなど、店舗や品ぞろえを見直して店舗展開する[74]。

クレジットカード発行とポイントでプレゼント

　1998年10月、ダイエーオーエムシー（ダイエーOMC）はWBスタジオ・ジャパン（本社・東京都中央区、渡辺俊行社長）と提携し、ワーナー・ブラザースのキャラクター商品を割引価格で買えるクレジットカードを発行し、会員募集を始めた。年会費は初年度無料、2年目以降は1000円、初年度目標は1万人である。WBスタジオストアカードは1998年に約180店、毎月3日間の会員優待日に限り、商品を店頭価格から5%割り引く。ポイントサービスも加え、200ポイント以上でキャラクターグッズをプレゼントする[75]。

---

[73] 1997/11/07 日刊スポーツ24頁「連載　ザ・ビッグマン　WBスタジオストア　P・スターレット社長(2)」
[74] 1998/08/11 日経流通新聞5頁「ダイエーとワーナー共同出資の「スタジオストア」、新宿など3店、秋までに閉鎖。」
[75] 1998/10/28 日経産業新聞19頁「ダイエーOMC、ワーナー・ブラザースと提携カード発行。」

4. 人気低迷と撤退
新キャラクター乱立で人気急落

　2000年になると、米キャラクター・ノベルティー商品販売業界が軒並み苦戦していた。1990年代前半、ディズニーやワーナーのキャラクターグッズ販売店は、当初物珍しさから人気を呼んだ。しかし店舗のコンセプトに新鮮味が消え、次々と登場する新キャラクターとの競争激化で人気が下がった。映画やテレビから生まれる新しいキャラクターが話題となる中で、消費者の嗜好が多様化し、特定のキャラクターだけで顧客を長く引き留めることは難しくなっていた。WBスタジオストアは米国内外含め150店舗展開していたが、ニューヨーク5番街の基幹店を2000年のクリスマス商戦終了後に閉鎖するとの観測が流れた。1993年に開店した当初はビルの3層階で運営したが、1996年に9階まで増床するほどの人気を呼んだ。しかし、同店舗から約2キロ離れたタイムズスクエアにも店舗を開設したことで客足がやや遠のいた[76]。

ダイエーとの合弁のWBスタジオストア日本市場から撤退

　2000年11月、ダイエーはWBスタジオストアから撤退すると発表した。経営再建に向けたグループ企業の処理の一環である。ダイエーはワーナーの出資分の株式を買い取った上で、2001年夏をめどに会社を清算する[77]。

米国同時多発テロ後の不況で全店閉鎖

　2001年9月のアメリカ同時多発テロから2ヶ月経過した11月、年初からの米国景気の減速傾向が強まっていた。テロ後の観光客減少で需要が鈍化し、ワーナーはキャラクター商品を扱うWBスタジオストアの全店閉鎖を決めた。企業の景況観と消費者心理が同時に悪化した。食料品や日用雑貨は堅調だが、個人消費は回復が遅かった[78]。

5. 考察

　本章では、WBスタジオストアの店舗展開と人気を失って全店閉鎖に至る過程を

---

[76] 2000/10/24 日経流通新聞 17 頁「米キャラクター販売不振、新顔続々、競争激しく――ディズニー、ワーナーブラザーズ。」
[77] 2000/11/21 東京読売新聞　朝刊 8 頁「ダイエー、ワーナーと合弁の販売事業から撤退 不振の 2 子会社も清算」
[78] 2001/11/10 日経 MJ（流通新聞）3 頁「米同時テロ 2 カ月、景気回復、兆し見えず――消費者心理に暗い影。」

考察し、次の点を明らかにした。

第1に、ディズニーが1987年にディズニーストアをロサンゼルス郊外に開き、日本やイギリスに出店して成功したことを受けて、ワーナーはWBスタジオストアを1992年に開業した。映画のヒットがキャラクター商品の販促につながり、商品が売れれば映画の宣伝になるというビジネスモデルである。米映画業界の動向はディズニーが牽引していると言える。

第2に、WBスタジオストアの出店戦略は徹底した**一等地主義**と言える。WBスタジオストアはディズニーストア以上に一等地主義である。例えば、ラスベガス店は有力カジノホテル、シーザース・パレス内にある。ニューヨークの一等地、マンハッタンの57丁目に旗艦店をオープンした。日本の旗艦店は銀座3丁目の一等地だった。

第3に、WBスタジオストアのスターレット社長はハーバード大学・大学院のMBA卒で、経営手腕を見込まれ、1990年にWBスタジオストアに引き抜かれた。ハリウッドの大手映画会社のトップマネジメントには高学歴男性が多い。ウォルト・ディズニーは中卒で叩き上げだが、他の人はアメリカの大学出身者が多い。ただし同社長は「高学歴は就職するためのパスポートであって、就職後の成功とは関係ない。出身大学の順に仕事能力が高いわけでもない」と言う。アメリカの大手企業なので若いうちは出身大学が非常に重要になるだろう。仕事能力は大学とは別の要素である。

第4に、2000年になるとディズニーやワーナーなどのキャラクターグッズ販売業界では、次々と登場する新キャラクターとの競争激化で人気が落ちた。同一社内で新キャラクターの人気で旧キャラクターの人気が下がり、売れ行きが悪くなる。キャラクタービジネスは非常に難しい。つまり**カニバリゼーション**（共食い：マーケティング用語）を起こしたのである。サンリオの創業者の辻信太郎社長は著書で「キャラクタービジネスは千三（せんみつ）。1000種類売り出して、3種類人気が出て軌道に乗る。他は消えていく」と述べている（辻, 2000）。そして2001年の米国同時多発テロで景気減速し、観光客減少でワーナーはWBスタジオストアを全店閉鎖した。日本でも2001年にダイエーはWBスタジオストアから撤退した。ダイエーはバブル期の乱脈経営で危機に陥っていた。つまり、1991年からWBスタジオストアの出店ラッシュが起こり、2001年まで、10年間の栄枯盛衰だった。一過性のブームと言える。

本章の限界は、ワーナーが公表しないため、財務情報が全て不明なことである。今後の研究課題はディズニーストアとの比較である。前著（2013c）『東京ディズニーリゾートの経営戦略』の第5章でディズニーストアについて研究した。しかしそち

らはオリエンタルランドの戦略の一部として研究し、米ディズニー社の戦略として研究しなかったため、次回はディズニーとワーナーの小売業として比較したい。

6. まとめ

　日本最大店舗は銀座店で、住所は東京都中央区銀座 3-5-3 だった。ここは現在、シャネル銀座[79]という日本最大の**シャネル**の路面店がある。1 階から 3 階までがブティック、4 階が「シャネル・ネクサス・ホール」というイベントホール、5〜9 階は別の会社が入っていて、10 階が「ベージュ・アラン・デュカス東京」という高級フレンチレストランで、シャネルと有名シェフのコラボ店である。そのくらい WB スタジオストア銀座店は一等地にあった。地方店舗でも軽井沢や横浜・八景島に出店したため、経費が高額だったはずである。特に銀座の一等地はシャネルの旗艦店に適した立地である。シャネルは 1 アイテムが小さく、高額である。シャネル製品は WB スタジオストアの商品より高額と思われる。客単価が高い店でなければ採算が取れないだろう。アメリカではハリウッドの大手映画会社は、存在自体が**ステイタスシンボル**である。そのブランド力ゆえに、小売店を出店するなら一等地にならざるをえず、テナント料や人件費が高額で、利益率が低いのだろう。

　キャラクター販売店と同様に 1990 年代初頭に乱立した後、人気を落とした「テーマレストラン」と似た運命をたどるのかは不透明だが、大きな曲がり角にあった。テーマレストランとは、プラネット・ハリウッド、ハードロックカフェ、レインフォレストカフェなどである。筆者はこれら 3 種のレストランに何店舗か行った。これらはエンターテイメント溢れる店内に経費がかかっているだろう。価格設定が高額で、その割に飲食の質が高いとは言えない。店内のエンターテイメント性を高めると、店舗開発費が高額となり、開業後も飽きさせないためにマイナーチェンジを重ね、そのコストを価格に上乗せするため、消費者にとっては高額な店となる。ワーナーほどの知名度とコンテンツ力があってもキャラクター商品は難しい事業だということが明らかになった。

---

[79] シャネル銀座「ACCESS」2021 年 5 月 29 日アクセス https://www.chanel-ginza.com/ginza/

第5章　パラマウント映画のテーマパーク参入戦略
〜ディズニーやユニバーサルのように成功せず〜

1. はじめに

　「横浜にディズニー級テーマパーク構想」が2020年7月に報道され[80]、筆者はワーナー・ブラザース（第3章）かパラマウントだと思い、2社のテーマパーク事業の研究を始めた。

　本章では、パラマウントのテーマパーク事業の経緯を考察する。第1に米国内でのテーマパーク事業参入、第2に日本市場参入、第3に韓国市場参入、第4に中東・ヨルダン市場参入、第5にハリウッドの他社と比べて長く低迷していることを考察する。

パラマウントの概要

　パラマウントこと、パラマウント・ピクチャーズ・コーポレーション（Paramount Pictures Corporations、日本名：パラマウント映画）は1916年創立、配給業者アドルフ・ズコール氏が自身の会社と新興のパラマウントを併合した。徹底したスター・システムと豪華主義によりサイレント映画期から隆盛した。1933年に財政難がたたって破産宣告を受けるが、1935年の再建後は都会派コメディに力を入れて復活した。1940年代以降は順調で、ゲイリー・クーパーやオードリー・ヘップバーン主演、大物監督のビリー・ワイルダー（代表作『サンセット大通り』『お熱いのがお好き』『七年目の浮気』）、ウィリアム・ワイラー（代表作『ローマの休日』『ベン・ハー』）、アルフレッド・ヒッチコック（代表作『バルカン超特急』『レベッカ』）らの名作を続々と誕生させた。1954年にビスタビジョンを開発してワイドスクリーン時代に対応し、1966年に石油資本ガルフ＋ウェスタンの傘下に入った。1970〜1980年代に興行収入トップの新記録を樹立した。1994年に大手CATVバイアコムの傘下となった。バイアコムは1999年にテレビ局CBSをショービジネス史上最高額の350億ドルで買収し、世紀末を飾るイベントとなった（BSfan, 2000, 7頁）。

　パラマウントの代表作は『ゴッドファーザー』『ローマの休日』『地獄の黙示録』『インディー・ジョーンズ』『スタートレック』『ターミネーター』『ミッション：

---

[80] 2020/07/20 朝日新聞デジタル「横浜にディズニー級テーマパーク構想　米映画会社の名も」2021年4月24日アクセス
https://www.asahi.com/articles/ASN7M5KBPN7JUTIL031.html

インポッシブル』『フォレストガンプ』『トランスフォーマー』など多数ある。パラマウントは大型テーマパークに耐えうるコンテンツを擁する。

2. 米国内でのテーマパーク事業参入
キングズ・エンターテイメントを 508 億円で買収

　1992 年 8 月、パラマウント・コミュニケーションズはテーマパーク運営会社「キングズ・エンターテイメント」とテーマパーク「キングズ・アイランド」を総額 4 億ドル（約 508 億円）で買収した。映画や出版物などの宣伝広告チャネルとして、テーマパークを活用したい。将来は米国だけでなく、海外でも積極的にテーマパーク事業を展開する。買収するキングズ・エンターテイメントは、「グレート・アメリカ」（カリフォルニア州サンタクララ市）、「キャロウインド」（ノースカロライナ州）、「キングズ・ドミニオン」（バージニア州）の 3 つのテーマパークを有する。一方、キングズ・アイランド（オハイオ州シンシナティ郊外）はアメリカン・ファイナンシャル・コープの所有で、キングズ・エンターテイメントが運営してきた。テーマパークの運営はキングズ・エンターテイメントのシュワッブ会長ら経営陣が買収後も担当する。4 つのパークの 1991 年の入場者数は合計約 1100 万人で、パラマウントは全テーマパークの 1992 年の売上高が 2.5 億ドル（約 318 億円）を超える見込みだった。同社は今後ヒット映画『アダムスファミリー』や人気テレビ番組『スタートレック』などの乗り物やパビリオンをテーマパーク内に新設する計画だった。この頃、アメリカではディズニー社が映画の劇場公開に合わせてテーマパーク内でショーを実施し、キャラクター商品を発売するなど、映画とテーマパークを結び付けたビジネスモデルで成功したため、このビジネスモデルが注目されていた[81]。

テーマパーク部門をシダーフェアに 1240 億円で売却

　2006 年 5 月、CBS は傘下のテーマパーク部門、パラマウント・パークスを米テーマパーク運営シダーフェア（第 2 章）に現金 12.4 億ドル（約 1240 億円）で売却すると発表した。この買収はシダーフェアにとって大きな賭けだった。同社の時価総額は提示した買収金額をわずかに上回る程度だった。同社はこの買収で米国とカナダにある 5 つのテーマパークを手に入れる。一番有名なのは「キングズ・アイランド」（オハイオ州シンシナティ郊外）である。これはシダーフェア創業の地であるクリーブランド地域にあるテーマパーク「シダーポイント」のオハイオ州内の長年のライバ

81　1992/08/01 日本経済新聞　夕刊 2 頁「米パラマウント、テーマパークを買収——映画など宣伝。」

ルである。2005年のデータで比較すると、パラマウント・パークスの入園者数は約1200万人、シダーフェアの入園者数は約1270万人だった。この買収はCBSにとって初の完全な売却となった。CBSは2005年末、親会社のバイアコムから独立したばかりだったが、資産の一部売却を開始していた。この売却額もCBSの190億ドルを超える時価総額と比較すると約6%に過ぎなかった。1990年代、メディア・コングロマリットでは、例えば映画『バットマン』などのヒット作品を中軸にテーマパークや映画館の入場券、映画のサウンドトラックなどを、シナジー効果を持たせながら販売できると期待された。しかしCBSのテーマパーク部門売却はこの期待の限界を示していた。2006年当時、ほとんど全てのメディア・コングロマリットはそこそこの収益を上げられるものの、業務拡大は難しかった。CBSはテーマパーク部門の業績を出版部門と一緒にして発表した。テーマパーク・出版部門の2005年の売上高は12億ドル（約1200億円）、営業利益は1億1800万ドル（約118億円）だった[82]。

3. 日本市場進出

TDLの成功を見て日本進出を目指す

　2003年、パラマウント・パークスは北米で5つの家族向けテーマパークを運営し、年間合計来場者1300万人弱だった。同社はラスベガスのヒルトンホテルで映画『スタートレック』を題材にしたアトラクションも運営していた。2001年秋にはスペインにあるテーマパーク「テラ・ミチカ」の運営と経営に関する長期契約を締結し、北米以外への事業進出を開始した。この頃、TDLが単独のテーマパークとして世界最多規模の入場者を達成した。パラマウントは、テーマパーク産業が拡大している日本への進出の機会をうかがっていた。この頃、パラマウント・パークスが運営する北米のテーマパークは、パラマウント・キャロウィンズ（ノースカロライナ州）、パラマウント・グレートアメリカ（カリフォルニア州）、パラマウント・キングスドミニオン（バージニア州）、パラマウント・キングスアイランド（オハイオ州）、パラマウント・カナダワンダーランド（加トロント近郊）である[83]。

福岡県でパラマウントのテーマパーク計画（予算1400億円）

　2004年8月、福岡県で映画テーマパーク「パラマウント・ムービー・スタジオパ

---

[82] 2006/05/23 ダウ・ジョーンズ米国企業ニュース「WSJ―米シーダー・フェア、CBSからパラマウント・パークス部門を買収」

[83] 2003/10/17 日経産業新聞28頁「福岡、映画パーク建設、寒い懐――北米5ヵ所年1300万人集客（News Edge）」

ーク」の開発計画が発表された。場所は福岡市に接する久山町で、事業費1400億円である。事業計画や収支計画を策定して2006年中旬に着工し、2010年の開業を目指す。だが同事業には資金調達や交通アクセスなどの課題もある。「パラマウント・ムービー・スタジオパーク」はスポーツ施設開発の日本トレイド（福岡市博多区）とパラマウント・パークスなどが共同開発する。着工までに事業会社を設立し、その新会社が資金調達し、パラマウント・パークスと共同でテーマパークの設計、建設、運営にあたる。基本構想によると総敷地面積は154ha、うち41.5haがテーマパークになる。駐車場は20.5ha、商業施設は5ha、その他の敷地にカリフォルニア大学ロサンゼルス校（UCLA）が連携するメディアやITに関する教育施設、ホテル（計1800室）、野外劇場（5000席）、屋内公演会場（1500席）を計画した。事業費については出資者を募る。出資者探しに関して日本トレイドは国内大手企業を含め、様々なアプローチがあると言う。他のテーマパークとは娯楽と教育が複合する点で一線を画する。華やかな構想の一方、地元経済界からうまくいくのか懐疑的な意見が出ていた。九州ではシーガイア（宮崎県）やハウステンボス（長崎県）など大型テーマパークが破綻していた。パラマウントのパークは年間470万人の来場者を見込む。これを達成するにはリピーター率を高める必要があり、継続投資を心配する声もあった。全国からの集客を想定するも、建設地への交通機関や道路の整備にも課題がある。それには地域密着が欠かせない。九州はアジアの玄関口という地の利を生かし、アジアからの集客も大きなカギになる[84]。

福岡県のパラマウントのテーマパーク計画中止

　2007年11月、パラマウント・ムービー・スタジオパーク・ジャパン（PSJ）構想で、建設予定地の6割以上を占める地権者でつくる「PSJ久山地権者会」が解散を決めた。構想から5年過ぎても具体的な動きがないことへの不信が最大の原因となった。地権者会の一部は山間部のまとまった土地の一括活用という可能性を信じてなお組織存続を訴え、同じメンバーで新たな別の地権者会を立ち上げることも決めた。久山町が直接パラマウントに確認したところ「久山町の計画に関心を持っている」との回答があった。しかし長く具体的な計画を示せなかったパラマウントや仲介会社の日本トレイドに、誘致を続けてきた鮎川正義・久山町長は「事業主体が分からず、計画が何も見えない」とコメントした。大型開発に不可欠な福岡県や地元経済界の協力を得る目処も立っていない。守秘義務を盾に具体的な事業計画や出資企業を

---

[84] 2004/08/06 日刊工業新聞 25頁「パラマウント、福岡に映画テーマパークを構想－アジアからの集客カギ」

明示していなかった[85]。

大阪のエキスポランド跡地にテーマパーク計画

　2010 年 12 月、大阪府は閉園したエキスポランドを中心とする万博公園南側ゾーン（吹田市）に、大阪のシンボルとなる複合型テーマパーク「フェスティバルパーク」を整備・運営する企業を決めると発表し、パラマウントが立候補した。大阪府は財務省、吹田市、廃止が決まっている同公園運営主体の日本万国博覧会記念機構と、公園用地の譲渡・貸付、街づくりの方向性などについて検討していた。同エリアはエキスポランド跡地を中心に周辺の駐車場などを加えた 20〜40ha で、(1)都市間競争に勝つミュージアム都市・大阪に向けたエンターテイメントの一大拠点づくり、(2)関西国際空港の活用により「中継都市・大阪」を実現し、アジアを中心に国内外から集客、(3)新たな財政負担なく、地域主権・地域経営を先導し「もうける」「かせぐ」を掲げ、民間活力を最大限発揮し、地域の利益を最大化できるモデル構築を目指す。都市間競争に勝てる「オリジナリティと新規性」と異文化の体験・感動の共有、1970 年の大阪万博の理念「人類の進歩と調和」「異文化交流」を踏まえた新たな価値の創造など新しい方針を打ち出した。付帯施設としてホテルや物販施設、飲食施設なども設ける。大阪府が公募した活性化アイディアに 10 社から提案があった。パラマウントのテーマパーク、ゴーカートレース場、アスリート施設、自然を生かした事業など、様々なアイディアが集まった[86]。

大阪のエキスポランド跡地、パラマウント落選

　2011 年 12 月、大阪府はエキスポランドの跡地の開発事業者に三井不動産を選定した。パラマウントのテーマパーク計画は落選した。大阪府の事業者公募に対し、最終的に 2 社が応募した。大阪府は外部有識者らの専門家委員会の審査などを経て決定した[87]。

---

[85] 2007/11/26 西日本新聞朝刊 3 頁「【解説】動きなく 5 年　地元に不信　久山町のパラマウント構想　具体的事業計画示されず」

[86] 2010/12/24 日刊建設工業新聞 13 頁「大阪府／万博公園南側ゾーン複合型テーマパーク事業コンペ／11 年 1 月公告めざす」

[87] 2011/12/13 大阪読売新聞　朝刊 1 頁「エキスポ跡地　教育テーマ施設　三井不動産開発　パラマウント落選」

4. 韓国市場進出
出宇車販売とソウル郊外にテーマパーク計画

　2007 年 12 月、パラマウントが韓国の大宇（デウ）車販売と提携し、ソウル郊外の仁川（インチョン）の松島（ソンド）にテーマパークを設立すると発表した。米ユニバーサル・スタジオ、MGM スタジオなどもすでにソウル郊外の京畿道近隣にテーマパーク計画を発表していた。大宇車販売は松島の約 50 万平米の敷地に 2010 年末までにテーマパークを設立することでパラマウントと本契約を締結した。この用地は旧大宇グループが「大宇タウン」の造成を予定していた土地で、グループ解体後、放置されていた。この敷地に総額 1.5 兆ウォン（約 1500 億円）を投じ、映画と関連した各種アトラクションとウォーターパーク、ホテルなどを建設する。2008 年 7 月着工予定である。大宇車販売の関係者は「調査の結果、外国人観光客 80 万人を含む年間 500 万人の観覧客、1.1 兆ウォン（約 1100 億円）の売り上げが見込める」「TDRと大阪の USJ、香港ディズニーランドなどアジアのテーマパークが最大のライバルになる」と述べた[88]。

韓国・仁川に 1500 億円でムービーパーク計画

　2008 年 5 月、大宇自動車販売とパラマウント・ライセンシンはソウルの新羅ホテルで、パラマウントが世界で初めて韓国に計画した「パラマウント・ムービーパークコリア」の出帆式を行った。韓国に映画テーマパークができるのは初めてとなる。同パークは、大宇車販売が仁川市東春洞に保有する約 50 万平米の用地に 2008 年末に着工され、2011 年末にオープンする。「トップガン・ローラーコースター」「タイタニック遊覧船」など映画を題材にしたアトラクションやリゾートホテルが建設される。大宇車販売の李東虎社長は記者会見で「初年度に 500 万人以上が来場し、3 年以内に外国人観光客が 100 万人を超えると予想している」と述べた。特に**韓流**への関心が大きい中国や東南アジアの観光客のため、韓国の大衆文化の要素を導入する。李社長は「初期投資費用は大きいが、8～10 年後から収益が出ると見込む」と述べた。パラマウントのマイケル・コーコラン社長は仁川を選んだ理由を、「韓国国民はハリウッド映画をよく理解しており、仁川には国際空港がある」と述べた。大宇車販売はアジア地域のパラマウント・ライセンス保有会社 EGE とムービーパーク建設・運営のための合弁法人「PMP コリア」を設立した。国内外からの投資誘致のため英バークレイズ銀行、ウリ銀行と金融了解覚書（MOU）を締結した。しかし実際の建

---

[88] 2007/12/14 中央日報（日本語版サイト Joins.com）「海外有名テーマパーク、次々と韓国進出」

設までに難題が多い。李社長は「この数年間、外国の映画会社のテーマパーク建設に関するMOUが40件ほど締結されたが、ライセンス費用や建設地確保問題のためいつも白紙に戻った」「今回の合弁法人設立に3年かかった」と説明した。有名テーマパークの建設は外国資本の誘致につながらないという指摘もある。パラマウントはテーマパークに出資せず、売上高の一定比率をロイヤルティとして受け取ることに対し、李社長は「パラマウントが名前を掲げて推進する初のテーマパークであるだけにパラマウントも収益の一部を法人に再投資することを考えている」と述べた[89]。

リーマンショックで韓国での計画中止

　2008年のリーマンショック直後に資金源が行き詰まり、韓国での計画は終了になった。2007年以降、韓国ではパラマウント、MGM、ユニバーサル・スタジオなどハリウッド映画のテーマパーク計画が発表されたが、実現したものは1つも無い。リーマンショックにともなう資金難と国内事業者との摩擦で困難に陥った。韓国は「テーマパークの墓場」と呼ばれるようになった[90]。

　仁川市の関係者は「定期的に入る施設維持費に安全事故防止費用まで考えれば、韓国ではテーマパークで収益を出すのが難しい」「土地をほとんど無料で提供しなければ事業者は収益性を確保するのが難しいだろう」と述べた[91]。

5. 中東市場進出
中東のヨルダンに1500億円でスタートレックのテーマパーク計画

　2011年9月、人気SFテレビ番組『スタートレック』のテーマパークを中心とした大型リゾート施設「紅海アストラリウム」が、中東のヨルダン南部アカバに計画された。総工費15億ドル（約1500億円）超で、スタートレックの大ファンという同国のアブドラ国王肝いりのプロジェクトである。ヨルダンのエンターテイメント企業、ルビコン・グループ・ホールディングによると、テーマパークは2009年製作の劇場映画をモチーフに、スタートレックに登場する「23世紀の世界」を体験できる。計画にはCBSテレビやパラマウントの関連会社も参加する。総面積約74ha、2012

---

[89] 2008/05/21 中央日報（日本語版サイトJoins.com）「'ハリウッドテーマパーク'が韓国にくる」

[90] 2016/01/05 中央日報「韓国はテーマパークの墓場か…グローバルビッグ3誘致、いつも頓挫(1)」

[91] 2016/01/05 中央日報「韓国はテーマパークの墓場か…グローバルビッグ3誘致、いつも頓挫(2)」

年着工、2014 年完成の予定である[92]。しかし、2024 年現在、ヨルダンにそのような
テーマパークは無いようである。

ヨルダンの概要：石油資源が少なく観光立国を目指す

　ヨルダンは日本で馴染みの薄い国なのでヨルダンについて若干説明する。ヨルダ
ンの正式名称はヨルダン・ハシェミット王国、イスラム教の開祖ムハンマドの子孫で
あるハーシム家を王家とする立憲君主制国家である。この地域は長くオスマン帝国
の一部で、第一次世界大戦後にトランスヨルダン王国としてイギリス委任統治下に
置かれ、1946 年に独立した。人口は約 970 万人（2017 年世銀）である。域内強国
や紛争当事国・地域に囲まれているが、ヨルダン国内の治安は安定しており、中東地
域の平和と安定に重要な役割を果たしている。ヨルダンは天然資源に恵まれず、観光
以外で外貨を獲得できる産業もほとんどない。ヨルダンは世界で最も水資源の少な
い国の一つである。天然資源に乏しく、エネルギーの 95%以上を輸入に頼る。ヨル
ダンの 1 人あたり GNI（国民総所得）は 3980 米ドル（約 39.8 万円：2017 年世銀）
で、世界銀行の基準で低位中所得国に分類される。ヨルダンに際立った産業や輸出製
品は無いが、ヨルダン政府は国内のペトラ遺跡や死海、ワディラム砂漠、ジェラシュ
遺跡などの観光資源を活かした観光産業に力を入れている。約 79 万人のヨルダン人
が湾岸諸国を中心とする外国で働いているとされており、GDP の 10%以上を占める
彼らの海外送金が国際収支を支える。2010 年代のアラブの春やシリア内戦、IS（イ
スラム国）台頭で観光産業が大打撃を受け外貨収入が激減した[93]。

6. 考察

　本章では、パラマウントのテーマパーク事業の経緯を考察し、次の点を明らかにし
た。
　第 1 に、パラマウントは 1992 年に米国内でキングズ・エンターテイメントを 508
億円で買収し、4 つのテーマパークを運営した。ディズニーのように、映画のヒット
で人気キャラクターが生まれ、商品販売につなげる二次利用・二次利益というビジネ
スモデルを目指したが、シダーフェアに 1240 億円でテーマパークを売却した。事前
予測ほどシナジー効果が無かったようである。

---

[92] 2011/09/02 東奥日報　夕刊 5 頁「「スタートレック」テーマパーク計画／ヨルダン、来
年着工」
[93] JICA（国際協力機構）「ヨルダン国事情」2021 年 3 月 30 日アクセス
https://www.jica.go.jp/jordan/office/others/situation.html

第2に、パラマウントはTDLの成功を見て日本進出を目指し始めた。パラマウントは2004年に福岡県で映画テーマパークを事業費1400億円で建設し、年間来場者470万人を見込むと発表した。リピーター獲得のため、地元密着でなおかつアジアから集客する必要がある。TDRは全国から集客しているように見えるが、実は客の6〜7割が関東から来ている。福岡県ならば地域密着にして、客の6〜7割が九州や山口県など近隣から来るようにしたい。同プロジェクトは構想から5年過ぎても具体的な動きがないため、計画中止になった。地元の町長にも事業主体が誰なのか説明がなかった。日本では、TDRを運営するオリエンタルランドが守秘義務を貫くので、アメリカの大手テーマパークが守秘義務を主張することは日本人に受け入れられるのだろう。しかし、自治体やその首長、地権者に守秘義務と言ってほとんど情報を提供せず、さらに5年間何も動きがないのでは信用を失って組織解散となるだろう。続いて、2010年に大阪万博公園南側ゾーンにフェスティバルパークを整備・運営する企業を決めるコンペティションがあり、パラマウントがそれに立候補するも、落選した。このように、パラマウントは日本に進出したいが、進出できずにいる。

　第3に、パラマウントは2007年に出宇車販売と韓国・仁川にテーマパークを計画した。総工費1500億円、年間来場者500万人、売上高1100億円、建設中の生産誘発効果約5100億円、雇用誘発効果6.5万人、賃金誘発効果約1000億円の見込みだった。最大のライバルは、TDR、USJ、香港ディズニーランドと見込んでいた。2007年の韓国の物価で1500億円でTDRやUSJの最大のライバルになることは不可能である。パラマウントはテーマパークに出資せず、売上高の一定比率をロイヤルティとして受け取る。つまり直営ではなく、TDRのようなライセンス契約でロイヤルティを受け取る。韓国では、2000年代の数年間で外国映画会社とテーマパーク建設に関する契約が40件ほど締結されたが、ライセンス費用や建設地確保、資金調達などの問題のため毎回白紙に戻った。自治体や企業が激しいテーマパーク誘致合戦を繰り広げたが、土地費用が高いため、資金調達の段階で大半が成立しなかった。テーマパークは民間企業であるが、地方自治体の首長の**政治マター**である。これは日本のテーマパークブーム期に似ている。テーマパークは典型的な箱モノ行政になりやすい。箱を作っただけでは、魅力あるテーマパークとは言えず、集客力に乏しい。

　第4に、中東のヨルダンに1500億円でスタートレックのテーマパーク計画があったが、マスコミ発表後に実行されなかった。ヨルダン国王はスタートレックの大ファンである。ヨルダンは世襲の立憲君主制なので、国王の権力が強いはずである。その国王の重点プロジェクトでも実行できないということは、テーマパークは開業にこぎつけるのが難しい事業である。

7. まとめ

　パラマウントはハリウッド BIG5 でありながら、本業の映画事業、テーマパーク事業ともに苦戦している。1990 年代にキングズ・アイランドを買収するも、その後売却するなど、米国内でもそれほど成功していない。そのため、テーマパーク需要が多く、親米でアメリカ文化を受け入れる日本に進出しようとしたのだろう。しかし福岡県と大阪府でテーマパークが実現しなかった。今後もパラマウントのテーマパーク事業がどうなるか研究を続ける。

第6章　ソニー・ピクチャーズのテーマパーク参入戦略

1. はじめに

　ソニーは日本企業であるが、バブル時代にハリウッド大手映画会社のコロンビア映画を買収し、ソニー・ピクチャーズという社名に変更した。本章では、ソニーのテーマパーク事業を考察する。第1にソニーグループの概要、第2にソニー・ピクチャーズの歴史、第3にソニー・ピクチャーズのテーマパーク事業を考察する。

2. ソニーの概要

ソニーグループの概要と歴史

　ソニーグループ株式会社（Sony Group Corporation）は1946年設立、本社は東京都港区、会長CEO吉田憲一郎氏、社長COO兼CFO十時裕樹氏、資本金8804億円（2023年3月31日付）、主要営業品目はゲーム＆ネットワークサービス、音楽、映画、エンタテイメント・テクノロジー＆サービス（モバイル・コミュニケーション/イメージング・プロダクツ＆ソリューション/ホームエンタテイメント＆サウンド）、イメージング＆センシング・ソリューション、金融及びその他の事業、連結従業員11.3万名（2023年3月31日現在）、2022年度連結売上高11兆5398億円である[94]。

　その関連会社は、エレクトロニクス、メディカル、教育、ゲーム、インターネット、映画、音楽、金融などの分野に渡る。映画分野にソニー・ピクチャーズ・エンターテイメント、アニマックス、キッズステーションがある[95]。

　ソニーグループは1946年に資本金19万円、従業員数約20名の「東京通信工業」としてスタートした。創業者の一人、井深大氏は会社設立の目的を「技術者がその技能を最大限に発揮することのできる『自由闊達にして愉快なる理想工場』を建設し、技術を通じて日本の文化に貢献すること」と記載した。「人のやらないことをやる」というチャレンジ精神のもと、数々の日本初、世界初の商品を打ちだした[96]。

　同社でテーマパークに関連する部門の歴史は、1988年に米CBSのレコード部門

---

[94]　ソニー「会社概要」2023年6月25日アクセス
https://www.sony.com/ja/SonyInfo/CorporateInfo/data/
[95]　ソニー「関連会社一覧」2023年6月25日アクセス
https://www.sony.com/ja/SonyInfo/CorporateInfo/Subsidiaries/
[96]　ソニー「歴史」2023年6月25日アクセス
https://www.sony.com/ja/SonyInfo/CorporateInfo/History/

である CBS レコーズを買収し、1991 年にソニー・ミュージックに社名変更した。1989 年に米コロンビア・ピクチャーズを買収し、1991 年にソニー・ピクチャーズエンタテインメントに社名変更した[97]。

3. ソニー・ピクチャーズの概要

　株式会社ソニー・ピクチャーズエンタテインメント[98]は 1984 年設立、本社東京都港区虎ノ門、代表取締役は冨田みどり氏、資本金 4 億 8004 万円、資本比率はソニー・ピクチャーズエンタテインメント・インク 62.1%、ソニーグループ株式会社 33.3%、シーピーイー・ホールディングス・インク 4.6%、事業内容は、(1)映画、ビデオソフト、テレビ番組、音声・映像のソフトウェアなどの企画・制作・販売・輸出入・賃貸および放送・上映・配給、(2)放送事業である。従業員数 160 名（グループ合計 2022 年 7 月現在）、関連会社は株式会社アニマックスブロードキャスト・ジャパン、株式会社キッズステーションである。株式会社ソニー・ピクチャーズエンタテインメント（SPEJ）は米国 Sony Pictures Entertainment（SPE）の日本支社である。SPEJ は映画、ディストリビューション、ネットワーク、インターナショナルプロダクションズを持ち、傘下のグループ会社にてアニマックス、キッズステーションの 2 つのチャンネルを運営している。

　SPEJ 映画は自社スタジオの製作作品をはじめ、世界各国で製作された映画の劇場配給、マーケティングを行う。買い付け・受託をした洋画・邦画の日本における配給も行っている。

米ロサンゼルスのソニー・ピクチャーズエンタテインメント(SPE)

　SPE は米ロサンゼルスのカルバーシティーに広大なスタジオを構える。1989 年にソニーがコロンビア映画を買収して、SPE が設立された。ここには本社のオフィスの他に、30 に及ぶ映画やテレビ番組の撮影のロット(撮影セットを組む巨大な建物)や、アメリカの町並みを再現したエリアが存在し、日々映画やテレビ番組の撮影が行われている。ロサンゼルスのユニバーサル・スタジオほどの規模ではないが、見学ツアーも行われている。建物のいくつかには映画界に貢献した人物の名前がつけられていて、映画を愛する人が集う場所である。

---

[97] ソニー「会社沿革」2023 年 6 月 25 日アクセス
https://www.sony.com/ja/SonyInfo/CorporateInfo/History/company/
[98] ソニー・ピクチャーズエンタテインメント「会社概要」2023 年 5 月 12 日アクセス
https://www.sonypictures.jp/corp/about

ソニー・ピクチャーズの社史

(1)コロンビア映画初期：「貧乏会社通り」の低予算映画会社

　同社の社史[99]は、1918年にハリーとジャックのコーン兄弟が共同経営者ジョー・ブラントと会社を設立し、短編、中編映画を製作したことに始まる。社名はCBC（コーン・ブラント・コーン）フィルム・セールス、コーン兄弟とブラントの頭文字である。この社名は業界でコンビーフ＆キャベツ（Corned Beef and Cabbage）の「CBC」とかけて呼ばれた。会社設立当初は非常に低予算の映画しか作れなかったという意味である。この頃、アメリカの映画産業は勢いよく伸び始め、当時5セントの入場料で映画館に来る人が、1920年に毎週3500万人超になった。1922年、モノクロの無声映画の時代に中短編作品での成功を基盤にCBCは予算2万ドルで会社設立以来初の長編作品『More To Be Pitted Than Scorned』は大成功を収め、13万ドルの興行収入を得た。CBCはより大きなビジョンを持った映画製作に未来を感じた。1924年、CBCはコロンビア・ピクチャーズ・コーポレーション（以降、コロンビア映画）として会社法人組織となり、いくつかのオフィスをハリウッドのサンセット大通り(Sunset Boulevard)とゴーワー通り(Gower Street)が交差する一区画に開設した。この地域は俗に「貧乏会社通り」と呼ばれる低予算映画会社が並ぶ場所だった。

(2)コロンビア映画大躍進：キャプラ監督がヒット作連発

　1927年にフランク・キャプラ監督を発掘したことが同社の大躍進につながった。キャプラはコロンビア映画初の全編トーキー（無声映画に対し音声つきの映画）作品『The Donovan Affair』(1929)を製作し、数々の成功をもたらした。『或る夜の出来事』（1934）は初のアカデミー賞®最優秀作品賞を受賞し、主要5部門（作品・監督・男優・女優・脚本の各賞）を独占し、コロンビア映画を一挙に業界大手に押し上げた。キャプラは『オペラハット』（1936年アカデミー監督賞）、『我が家の楽園』（1938年アカデミー賞®作品賞・監督賞）、『スミス都へ行く』(1939)など「キャプラ・タッチ」を極めた名作を出した。1930〜1940年代にコロンビア映画は高い評価と名声を得た。コーン兄弟はハリウッドのスタジオの敷地を拡大し、1935年にバーバンクに撮影ロットを建設し、スター俳優と契約した。1949年に社会派ドラマ『オール・ザ・キングスメン』がアカデミー賞®最優秀作品賞を獲得した。『戦場にかける橋』（1957）はアカデミー賞®で作品、監督、脚本、主演男優、撮影、作曲、編集の7部門を受賞した。

---

[99] ソニー・ピクチャーズエンタテインメント「ヒストリー」2023年5月13日アクセス https://www.sonypictures.jp/corp/history

(3)テレビ業界進出

1948年に「スクリーン・ジェムズ」という部門を立ち上げ、いち早くテレビ業界に進出をはかった。テレビ部門はコロンビア・ピクチャーズ テレビジョン、その後コロンビア・トライスター・テレビジョンになり、2002年に現在のソニー・ピクチャーズテレビジョンに至る。代表作に『奥さまは魔女』(1964〜1972)、『チャーリーズ・エンジェル』(1976〜1981)等がある。

(4)コーン兄弟の死去：ヒット作連発

スタジオは最高潮の勢いだったが、1950年代後半にコーン兄弟が相次いで亡くなった。アカデミー賞®7部門受賞の『アラビアのロレンス』(1962)、同6部門受賞の『わが命つきるとも』(1966)、同5部門受賞の『オリバー！』(1968)、コメディSF『博士の異常な愛情』(1963)、スピルバーグ監督の出世作SF『未知との遭遇』(1977)など大ヒットを連発させた。

(5)コカ・コーラ社による買収：家庭用ビデオ普及

1982年に同社はコカ・コーラ社に買収された。コロンビア映画はホームエンタテイメント等の新しい分野に拡大、テレビ作品を買い付けた。『ゴーストバスターズ』(1984)、『スタンド・バイ・ミー』(1986)、『ガンジー』(1982)などが大ヒットした。

(6)トライスター映画創立

1983年、コロンビア映画はHBOとCBSの3社共同出資でトライスター映画を立ち上げた。トライスター映画はメジャースタジオ級の制作会社に最速で成長し、『ナチュラル』(1984)、『ランボー／怒りの脱出』(1985)、『ペギー・スーの結婚』(1986)などを発表した。

(7)ソニーによる買収

1989年、ソニーはコロンビア・ピクチャーズ・エンターテインメントをコカコーラから買収した。本拠地をカリフォルニア州カルバーシティ近郊のMGMの旧撮影所に移転し、ソニー・ピクチャーズエンタテインメント（SPE）と社名変更した。1997年、SPEは米国での興行収入12億ドル、全世界で23億ドルを叩き出し、興行収入記録を作った。『メン・イン・ブラック』（1997）、『エアフォース・ワン』（1997）、『チャーリーズ・エンジェル』（2000）、『バーティカル・リミット』

（2000）、『スパイダーマン』（2002）などヒットを連発した。ソニー・ピクチャーズ全体で2002年夏期に興行収入が10億ドルを越えたため、ソニー買収後、初の10億ドル超のスタジオグループに仲間入りした。

(8)デジタルコンテンツ、オンラインコンテンツとの融合

　2000年、新部門ソニー・ピクチャーズ・デジタル（SPD）を設立した。SPDはSPEのデジタルプロダクションをオンライン・コンテンツやオンラインゲームと融合させ、『エバークエスト』『ソープシティー』『スクリーンブラスト』等、人気の複数プレーヤー参加型オンラインゲームを発表した。2004年、SPEは北米興行収入13億800万ドルという業界トップの成績を収めた。ブルーレイプレーヤーの2009年第1四半期の売上が前年同期比2倍となった。『マイケル・ジャクソン THIS IS IT』（2009）が全米を除く全世界興行収入が20億ドルを超えるというSPE史上初めての記録になった。

(9)環境保全活動

　2009年、LAのカルヴァーシティにあるSPE本社で3年間以上続いた撮影ロットとオフィスビルのリニューアルが完了した。それは米国における建物の環境配慮基準の認証制度 LEED（グリーンビルディング認証）で金賞を受賞し、地球環境保護で最高建築水準と認められ、メジャー・スタジオとして初めてISO14001を2005年に取得した。

4. テーマパーク事業の経緯
ソニーがコロンビアを買収した理由は米財界での外交手段

　1989年9月、ソニーは48億ドル（約6700億円）で米コロンビア映画を買収した。日本のバブル最盛期で、松下電器、日本ビクター、パイオニア、東芝、商社などがハリウッドに大金を投資していた。日本企業が「アメリカの魂」を買いあさっていると非難され、ジャパン・バッシングにつながった。ソニー社内でもコロンビア買収反対は大きかった。その金額の値打ちはない、素人のソニーが映画で儲かるはずない、アメリカ人を敵に回したら他の製品が売れなくなるなどの理由である。ソニーの社史で最大の謎と言われるほど、コロンビア買収の理由は謎である。当時、ソニーの経営戦略本部長として買収劇の事務方を務めた郡山史郎氏は、「ハードとソフトがビジネスの両輪になるという説明は建前」「コロンビア買収の本当の目的はアメリカの政財界との交流を深めるため」と述べた。盛田昭夫社長（当時）は郡山氏に「私はNY

の五番街に長年住んできたが、政治家や財界人が集まる地元のパーティに呼ばれたことがない。ソニーはまだアメリカでは一流企業と認められていない」と言った。盛田氏は米財界に広い人脈があり、日本人経営者ではトップの知名度だったが、政財界のVIPが一堂に会するパーティに呼ばれたことがなかった。ニューヨークのコミュニティーには、アラブの石油王でも経済力だけでは入れてもらえない。盛田氏がいくら努力しても仲間入りできなかった。ただ一つの方法は、パーティにハリウッド女優を妻として連れていくことである。アメリカでは夫婦同伴だから女優を連れてくるなら、その女優を目当てにパーティに呼ばれる。盛田氏は既婚者なので女優と結婚できないため、映画会社のオーナーになれば仲間に入れるという目論見だった。映画会社はアメリカ社会では特別な存在だ。映画はアメリカ文化そのものという誇りがある。盛田氏はソニーをアメリカのインサイダー（身内）にし、アメリカ人の反日感情をやわらげる外交手段と考えた[100]。

バブル期に米国にテーマパークを1億ドルで検討

1991年1月、ソニーは中期経営課題として米国でテーマパーク事業に進出することを積極的に検討する方針を固めた。1990年に買収したコロンビア・ピクチャーズが映画撮影に使う特撮セットをアトラクション施設として活用する。ソニーはコロンビア映画と共同で中期的なテーマとして米国でテーマパークを開設することを検討していた。場所は南カリフォルニアが有力とされているが、経営陣によると全く未定、投資額は決まってないが、1億ドル程度にはなるという。テーマパーク事業はハリウッドの有力映画会社が強い関心を持っていた。特撮セットの費用が高騰し、映画を撮影して捨てるのは効率が悪いため、テーマパーク設立の噂が出ていた[101]。

ソニーランド、米国各地で誘致合戦

1991年2月、ソニーが傘下のコロンビア映画と構想を進めている大型テーマパーク「ソニーランド」の人気が高まり、建設候補地として挙がっていたカリフォルニア州に加え、東部のニュージャージー州も候補地として浮上した。地元も積極的に受け入れを示した。ニュージャージー州の有力地元紙「レコード」によると、ソニーは同州バーゲン郡メドーランドでの建設を地元に打診した。これを受けて地元の3自治

100 2023/03/17 PRESIDENT Online「ソニーの歴史で最大のミステリー…6700億円を投じて「コロンビア映画」を買収した本当の理由買収劇の事務方だった元経営戦略本部長が解説する」2023年7月8日アクセス https://president.jp/articles/-/67328?page=1
101 1991/01/21 日経産業新聞1頁「米国に映画テーマパーク、ソニー、積極検討。」

体は 5000 ドルずつ出し合って事業化調査に乗り出すことを決め、州政府も支援を申し出た。メドーランドはニューヨーク市から車で約 30 分の好立地で、プロフットボールチーム、ニューヨーク・ジャイアンツのスタジアムなどスポーツ施設やホテルなどがある。しかしソニーは「ソニーランドはまだ夢の段階」と地元の盛り上がりに当惑していた[102]。2024 年現在、そのようなテーマパークは無い。

マンハッタンに事業活動を紹介するテーマパーク「ソニープラザ」

1993 年、ソニーは AV 機器から映画、音楽まで同社の事業活動を楽しみながら理解してもらう「企業テーマパーク」をニューヨークに同年 11 月に開業すると発表した。施設名は「ソニープラザ」で、ニューヨークの中心にあるマディソンアベニューの一角に設け、米国統括会社ソニー・コーポレーション・オブ・アメリカが運営する。建物内に映像技術を駆使して科学技術の世界を疑似体験できる施設やレストランなどを設ける。第一店への反応が良好な場合は、他の大都市への展開も検討する[103]。

そしてマディソンアベニューと 56 丁目の角にソニープラザがオープンした。ソニーは AT&T が入っていたビルを借り、目標とする「トータル・エンターテイメント・カンパニー」としてアピールする。約 5000 平米で半分を小さな店舗とパブリックスペースとして市民に開放し、半分を自社のハードとソフトの展示販売にあてる[104]。

東京・お台場に娯楽施設計画

1998 年 1 月、ソニーは東京のお台場地区に映画館やゲームセンターを含む大規模な複合娯楽施設を建設すると発表した。ソニーはデジタル技術を生かして、映像や音楽、ゲームソフトなどの情報通信・娯楽関連事業に力を入れ、総合エンターテイメント企業を目指す。建設予定地の隣にゲーム機大手のセガ・エンタープライゼスの屋内型テーマパーク「東京ジョイポリス」があり、新施設の完成後、一帯は日本有数の娯楽施設の集積になる[105]。

---

[102] 1991/02/22 朝日新聞　朝刊 11 頁「ソニーのテーマパーク構想に米ではやくも誘致合戦」
[103] 1993/10/20 日本経済新聞　朝刊 10 頁「NY 中心部に来月企業テーマパーク、ソニー、活動を紹介。」
[104] 1994/06/06 AERA 46 頁「ハリウッドがニューヨークへ進出　娯楽ビジネス新事情」
[105] 1998/01/09 東京読売新聞　夕刊 18 頁「東京・お台場にソニーも娯楽施設建設　今夏にも着工　デジタル技術を駆使」

お台場に複合商業施設「メディアージュ」開業

2000年4月、ソニーはお台場に都市型複合娯楽施設「メディアージュ」を開業した。メディアージュはメディア、イメージ、メッセージの合成語である。複合商業施設「アクアシティお台場」の3分の1を占め、6階分の約2.7万平米を使って13の映画館（約3000席）、27のレストランや店舗、テーマパークのようにアトラクションを楽しめる場所が展開される。米サンフランシスコ、独ベルリンにも同様の娯楽施設を計画していた[106]。

独ベルリンに音楽テーマパーク「アミューズメントセンター」開業

2000年5月、ドイツのベルリンのポツダム広場に「ソニー・アミューズメントセンター」が開業した。「世界の言葉は音楽」をテーマにした世界初の総合アトラクション施設「ミュージックボックス」と、ヨーロッパ最大の画面で見ることができる3D映画館が話題を呼んだ。ソニーの大賀典雄会長が空いたソニービルの活用に「ベルリンでテーマパークはできないか」と提案した。すぐ隣にベルリン・フィルハーモニーが構えていることなどもあり、音楽をコンセプトにしたテーマパークをつくることが決まった。ミュージックボックスには3つのツアーガイド付きアトラクションがある。「ベレビュースタジオ」でベートーヴェンなどの作曲家が目の前に蘇り、音楽の歴史を学べる。解説はドイツ語で、英語の字幕が付く。アトラクション「ビートルズ・イエローサブマリン・アドベンチャー」ではUボートに乗ってビートルズの音楽の旅に出る。「ワールドミュージック」は360度スクリーンの映画館で、48ヶ国の民俗音楽などのメロディが流れ、実際の楽器や各国の暮らしぶりが分かる。他にも体験型の様々なアトラクションがある。「フィルハーモニー」では、指揮台に上がって手を振ると、スクリーンに映ったオーケストラがそれに合わせて演奏する。指揮者の気分を味わえるのが人気で、順番待ちの列が絶えない。その隣に並んだ音楽インフォボックスでは、世界の名だたる指揮者や作曲家、音楽家の情報がインプットされている。オープニングだけで2000人の入場者がここを訪れた。夏休みや週末には、予約なしでチケットを入手するのは難しいほど人気だった[107]。

---

[106] 2000/04/19 東京新聞朝刊9頁「今度のデートにいかが　ソニーが複合娯楽施設　21日、お台場に「メディアージュ」登場」
[107] 2000/05/01 日経トレンディ215頁「指揮者気分も満喫できるソニーの音楽テーマパーク」

独ベルリンのソニーセンター売却

　しかしながら、2008 年 2 月、ソニーはベルリンの都市型複合施設「ソニーセンター（The Sony Center am Potsdamer Platz：ソニー・センター・アム・ポツダマープラッツ）」を売却すると発表した。「ソニーセンター」の保有・運営会社であるソニーベルリン（Sony Berlin GmbH[108]）の全株式を関係当局の承認が下りることを条件として、2008 年 3 月末迄に売却する契約をモルガン・スタンレーに運営される不動産ファンドならびに他 2 社（Corpus Sireo、The John Buck Company の関連会社、以下併せて、売却先）との間で締結した。ソニーセンターはオフィス、店舗、レストラン、エンターテイメント施設や住宅等 8 棟を有する革新的な都市型複合施設として、2000 年に開業した。以来、ベルリンの最も活気ある名所の一つとなり、年間入場者数 800 万人を超えるなど地域の発展に貢献した。売却後も施設の呼称である「ソニーセンター」を当面継続使用することで売却先と合意に達した[109]。

　ソニーの公式サイトで「ベルリンのソニーセンター」（日本語・英語・ドイツ語）で検索しても同音楽テーマパークについて何も記事がないため、この事業がどうなったのか、売却理由など不明である（2023 年 4 月 8 日検索）。

お台場、ベルリン、サンフランシスコでエンターテイメント事業に失敗した理由

　2011 年に K.I.T.虎ノ門大学院は「ロケーション・エンタテインメント研究協議会」を設立し、発足セミナーで会長の北谷賢司・同大学院教授（一時ソニーに所属）が次のように解説した。北谷氏によると、ソニーは 1990 年代後半にロケーション・エンタテインメント事業を立ち上げ、都市型のロケーション・エンタテインメント施設を世界 3 都市で作ったが、そのコンセプトはシネコンやテーマレストラン、シグネチャーレストラン、技術展示などに限られていたので、施設経営は失敗に終わった。お台場の「メディアージュ」はフジテレビの真向かいにあり、シネコン、レストラン、リテール施設があったが、この程度ではエンターテイメント施設として不十分で、高額な建設費の回収ができないという散々たる状況だった。サンフランシスコのダウンタウン、コンベンションセンターの真向かいにソニーメトレオンというビルを作った際、コンベンションセンターからこのビルにも人の流れが来るという読みで作られたが、サンフランシスコという街では多くのビジネスマンは夜に郊外の自宅に

---

[108] GmbH：Gesellschaft mit beschränkter Haftung：ドイツの有限責任会社
[109] SONY ニュースリリース「ベルリンのソニーセンター売却について」（2008 年 2 月 28 日）2023 年 4 月 8 日アクセス
https://www.sony.com/ja/SonyInfo/News/Press/200802/08-031/

帰るため、ダウンタウンに滞在する人は少ない。また観光客はサンフランシスコで映画館やゲームセンターに行かないので、稼働率が低かった。シネコンを入れたことで建物全体がシネコンのビルというイメージを持たれ、特徴が薄まった。ベルリンのソニーセンターはエンターテイメント性より落ち着いた雰囲気が重視され、過剰投資で、その割にコンテンツが軽いものだったため失敗に終わった[110]。

「スパイダーマン」をめぐりディズニーと著作権争い

　2019 年 10 月、映画『スパイダーマン』の収益配分などを巡って交渉が決裂していたソニーとディズニー社が提携を続けることで合意し、2021 年に公開する次作の制作をディズニー傘下マーベル・スタジオのケビン・ファイギ社長が担うことが決まった。ソニーとディズニー社の対立について、ファンや俳優らが批判していた。マーベル制作の続編を求めるファンの声が両社の合意を導いた。SPE はマーベル・スタジオと組んで制作した 2017 年公開の『スパイダーマン・ホームカミング』も共同で手掛けると発表した。スパイダーマンはマーベル・スタジオが手掛ける他の映画作品にも引き続き登場する。米映画メディアのバラエティによると、新たな合意でディズニーは次回作の利益の 25％を受け取る。当初は 50％を要求していた。ソニーとディズニーは一転して提携を続けることにした理由を明らかにしていない。スパイダーマンの映画を巡って同年 8 月、ソニーとディズニーが次回作の投資・収益配分で折り合えず、マーベル・スタジオが制作から離脱すると米メディアが報じていた。主役俳優のトム・ホランド氏はディズニー主催のイベントで「クレージー」と発言した。ネット上にはソニーやディズニーに対する恨み節があふれた。スパイダーマンはソニーの映画事業で最大のヒットシリーズで、2002 年に映画公開を始め、多くの作品を発表した。米映画情報サイトのボックス・オフィス・モジョによると、ソニーの興行収入上位 10 作のうち 6 作をスパイダーマンが占める。『ファー・フロム・ホーム』は世界興行収入が 11 億ドル（約 1180 億円）を上回る。映画アナリストのジェフ・ボック氏は「今の映画業界では、ヒーロー映画が興行収入の上位を独占する最も魅力的なジャンル。これが一連の騒動の背景にあった」と述べた。ソニーは 2018 年の吉田憲一郎社長の就任以降、ゲームや音楽、映画というエンタメ重視の姿勢を鮮明に打ち出している。スパイダーマンは映画事業だけでなく、ゲームで活用するなど複数事業にわたり収益貢献できる有力コンテンツである。一方のディズニーは米国のテー

---

[110] 2011/10/07 IT Media ビジネス「ソニーの失敗、ベネチアンの成功に学べ──カジノ成功には何が必要なのか」2023 年 4 月 9 日アクセス
https://www.itmedia.co.jp/makoto/articles/1110/07/news021_4.html

マパークにスパイダーマンのアトラクションを設ける計画がある。スパイダーマンはキャラクターの**版権**をディズニー傘下のマーベルが持ち、**映画化権**をソニーが持つ。この騒動でファンが置き去りにされ、批判が相次いだ[111]。

ソニー全体でアニメ世界展開に挑戦、「ミニディズニー」のモデル狙う

2020年8月、ソニーがグループ総出でアニメ事業の世界展開をすると発表した。音楽、映画、ゲームに続く、エンターテイメント分野の新たな柱にアニメを抜擢した。かつてアニマックスの滝山正夫社長は「アニマックスの規模は劣るが、ミニディズニーのモデルを狙う」と話していた。ディズニーはアニメを軸に映画配給、グッズ販売、テーマパークなどの体験型サービスを合わせて、世界市場で複合的に稼ぐビジネスモデルを築いた。ソニーグループのアニプレックスが制作する『鬼滅の刃』が国内外で社会現象となった。有力な知的財産（IP）で重層的に稼ぎ、収益の柱に育てたい。ソニーがアニメに注目するのは特有のビジネスモデルにある。魅力的なアニメやキャラクターは一度ファンが付くと、他社が真似できない強力なIPになる。作品をグッズ販売や映画化、ゲーム、アニメソングなどの楽曲に展開して長く稼げる。アニプレックスの2020年3月期までの3年間の累計営業利益は1248億円である。アニプレックスには驚異の収益力を生み出したアニメ攻略の型がある。制作会社として作品を生み出すクリエーターに寄り添いながら、IPをアニメやゲーム、音楽などで重層的に稼ぐ戦略で、ヒット作に『Fate/Grand Order』がある。ソニーのアニメはこれまで事業会社が得意領域で競争力を高めてきた。例えば、アニマックスは「4つのO（オー）」という方針「オンエア（放送）」「オンデマンド（都度配信）」「オンザグラウンド（リアルの体験サービス）」「オリジナルプロダクション（独自番組）」がある。蓄積したIPの価値を最大化させ、多様な手法でARPU（一人あたりの課金額）を上げる戦略である[112]。

英ロンドンに「ジュマンジ」のテーマランド計画

2022年8月、SPEは大ヒット作『ジュマンジ』を題材にした初のテーマランド「ワールド・オブ・ジュマンジ」を英ロンドンに建設予定、と米デッドラインが報じた。「ワールド・オブ・ジュマンジ」はロンドン南部にある「チェシントン・ワール

[111] 2019/10/09 日経産業新聞5頁「帰ってきたスパイダーマン、ソニー・ディズニー提携継続。」
[112] 2020/08/03 日経速報ニュースアーカイブ「ソニー、アニメをエンタメの柱に　鬼滅の刃で切り開く」

ド・オブ・アドベンチャーズリゾート」の敷地を拡張する形で 2023 年にオープンする。SPE は自社コンテンツを活用する方法をかねて模索しており、マーリン・エンターテイメンツ（レゴランドなどを運営）と同年に契約を結んだ[113]。

　『ジュマンジ』のテーマパークは「チェシントン・ワールド・オブ・アドベンチャー」という名称で 2023 年 5 月 15 日オープン、と公式サイトで発表された[114]。同パークへの投資額は 1700 万ポンド（約 **27.9 億円**）である[115]。同パークのトップページの「ABOUT[116]」に「Merlin Entertainments」とあるので、マーリン・エンターテイメントというリンクをクリックすると、マーリンの「OUR ATTRACTIONS[117]」にチェシントン・ワールド・オブ・アドベンチャーが載っている。つまり同パークの運営はマーリン・エンターテイメントが行っているようだ。

タイ・パタヤ郊外にテーマパーク計画

　2022 年 9 月、SPE はタイのパタヤ近郊で増える中間層や外国人観光客を狙いコロンビア・ピクチャーズの作品にちなんだテーマパーク「コロンビア・ピクチャーズ・アクアバース」を同年 10 月に開業すると発表した。同施設はタイの施設開発会社アマゾンフォールズが運営する。『モンスターホテル』『ゴーストバスターズ』などをテーマにした乗り物やプールを提供する。数年以内に現状の約 33 倍の 16 万平米まで拡大する見通しで、VR や仮想空間「メタバース」を生かした屋内型のアトラクションを設ける。SPE のアンソニー・ヴィンシクエラ会長兼 CEO は「ロケーションビジネスはあくまで実験。ソニーがディズニーワールドやユニバーサル・スタジオをつくるわけではない」「保有するコンテンツをライセンスすることが目的。利益率も高い」と述べた。現状ではディズニーと異なりテーマパーク運営までは着手しない。ソニーグループは長期的な経営目標でエンターテイメント分野を中心に「10 億人と直接つながる」を掲げている。人口が増えるアジア圏はその有望地域で、この取り組みを検証し、同様のアトラクションを世界各地で展開できるかを判断する。これ

---

[113] 2022/08/18 映画.com「「ジュマンジ」がテーマパークに！　2023 年イギリスで開業」2023 年 4 月 6 日アクセス https://eiga.com/news/20220818/14/
[114] Chessington World of Adventure, Top page, 2023 年 4 月 9 日アクセス https://www.chessington.com/
[115] 2023/02/28, The World's First Ever Jumanji Theme Park Is Coming To The UK In May, 2023 年 4 月 9 日アクセス https://secretldn.com/jumanji-theme-park-uk/
[116] Chessington World of Adventure, ABOUT, 2023 年 6 月 25 日アクセス https://www.chessington.com/our-company/history/
[117] Merlin Entertainments, OUR ATTRACTION, 2023 年 6 月 25 日アクセス https://www.merlinentertainments.biz/

までの娯楽施設は地場企業が営む小型なものが大半で、外資大手が乗り出す事例は少なかった。所得水準が先進国に比べて低く、投資案件として割に合わなかった。しかし経済成長に伴い中間層が増え始めた。国際通貨基金（IMF）によると、タイの2020年の1人当たりGDPは同7000ドル台で推移し、すでに上位中所得国に位置づけられた。アジア全体で見ると、大型テーマパークは所得水準の上昇と連動するように開業してきた。例えば、1983年開業の東京ディズニーランド開業当時の日本の1人当たりGDPは約1万ドルだった。上海ディズニーが開業した2016年の中国は同8000ドル台で、都市部なら1万ドルを超えていたとみられる。タイやインドネシアも大都市に絞れば1万ドル近辺とみられ、過去の経験則を満たす。ただし顧客の争奪戦が激化している。大型施設は近隣国から観光客を呼び込めるが、ハイリスクである。周辺の高速道路の建設など、インフラ整備が必要である。地場企業でよく見られたように、大幅な延期や中止に見舞われる事態も否定できない[118]。

タイ・パタヤ郊外にテーマパーク開業

2022年10月12日、タイのパタヤ近郊に「コロンビア・ピクチャーズ・アクアバース」が開業した。SPEのテーマパークは世界初で、年100万人以上の入場者を見込む。運営者は「段階的に拡張し、日本や欧米、東南アジアなど世界中から集客したい」と述べた[119]。

4. 考察

本章では、ソニーのテーマパーク事業を考察し、次の点を明らかにした。

第1に、ソニーはバブル期に買収したコロンビア映画が映画撮影に使う特撮セットを活用するテーマパーク「ソニーランド」を中期計画として発表した。特撮セットの費用が高騰し、映画を撮影して捨てるのは効率が悪い。それをテーマパークに転用すれば範囲の経済性を得られることが、映画会社がテーマパークに多角化する理由の一つだろう。TDLの成功で、ハリウッドの映画会社はテーマパーク事業に強い関心を持っていた。1991年にソニーランドの計画を聞いたリフォルニア州とニュージャージー州が積極的に受け入れを示した。TDLの人気はアメリカで報道されているので、ソニーランドを建設すればTDLのように成功すると思っていたはずだが、実

現しなかった。

第2に、ソニーは1990年代後半に総合エンターテイメント企業を目指し、お台場、ベルリン、サンフランシスコでエンターテイメント施設をつくったが、いずれも閉鎖に追い込まれた。1990年代のソニーは世界的に人気絶頂で、事前の期待値が高すぎたのではないか。ソニーのエンターテイメント施設というだけで高く期待するも、実際は小規模な施設で競争力がなかったのではないか。またソニーの知名度と信用力があれば、一等地にエンターテイメント施設を開業できるが、開業後、生き残れるかは別の問題である。

第3に、アニマックスの社長が「ミニディズニー」のビジネスモデルを目指していたことが判明した。ただし同社長が個人的に思っていたことなのか、アニマックス全社の方針なのか、ソニー全社の方針なのか不明である。

第4に、コロナ禍の2022年にソニーはタイにテーマパーク「コロンビア・ピクチャーズ・アクアバース」を開業した。ソニーはライセンスを提供し、企画に関わる。東南アジアの新興国はテーマパークの新設ラッシュであり、コロンビアのブランド力とコンテンツを持ってしても苦しい戦いを余儀なくされると筆者は予測する。タイ周辺でテーマパークに行く文化が中間層に根付くか、そして外国人を誘致できるかがポイントだろう。

本章の貢献は、初めてソニーのテーマパーク事業を考察したことである。本章の限界はここまでしか資料を収集できなかったことである。

5. まとめ

ソニーに買収されてからのソニー・ピクチャーズはハリウッドBIG6（現BIG5）の中で経営不振にある。ソニーに買収されてからの巨大ヒット映画は『スパイダーマン』と『マイケル・ジャクソン THIS IS IT』だけである。ハリウッドBIG6（現BIG5）の中で苦しい戦いを強いられてきた。日本の電化製品の市場とは性質の異なるライバルに苦戦しつつも、買収されることなくここまで生き残っている。テーマパーク事業には成功してほしい。そしてソニー全体の復活と日本の製造業全体の復活を牽引してほしい。

第III部　非ハリウッド系

アメリカのテーマパーク市場は、ディズニーとユニバーサルが席巻している。それ以外のハリウッドの映画会社はディズニーのビジネスモデルを目指してテーマパーク事業に参入するも、苦戦している。過酷なレッドオーシャン市場で非ハリウッド系のテーマパークも奮闘している。ここでは、日本の富士急ハイランドやナガシマスパーランドのように質の高い絶叫マシンを多く設置して人気を博すシックス・フラッグスと、水族館とテーマパークの複合施設のシーワールドを考察する。

第7章　絶叫マシンのシックス・フラッグス

1. はじめに

　絶叫マシンの数が世界一多いテーマパークが「シックス・フラッグス・マジックマウンテン」で、米カリフォルニア州サンタクラリタ（ロサンゼルス郊外）に立地する。世界の絶叫マシンファン、ジェットコースターファンの間で有名かつ聖地である。しかしそのシックス・フラッグスは、リーマンショック後の 2009 年に経営破綻した。

　本章では、シックス・フラッグスのテーマパーク事業の経緯と経営破綻、その後の国際展開を考察する。

シックス・フラッグスの概要と社史

　シックス・フラッグス・エンターテイメント・コーポレーション（Six Flags Entertainment Corporation、以降シックス・フラッグス）は世界最大の**地域密着型**テーマパーク企業で、2019 年の売上高 15 億ドル（約 1500 億円）、アメリカ、メキシコ、カナダに 27 のテーマパークを有する。27 のパークは戦略的に立地する。各地域の主要都市かつライバルが限定的な立地にあり、料金設定や気候条件が多様である。従業員数 5.2 万人（うちフルタイマー2100 人）、全パーク合わせて乗り物数 925、うち 145 がコースター、入場者数 3300 万人（2019 年）である[120]。

---

[120] Six Flags Overview, 'Six Flags At-a-Glance', 2021 年 11 月 19 日アクセス https://investors.sixflags.com/investor-overview/six-flags-at-a-glance

図1：シックス・フラッグスの27パーク一覧

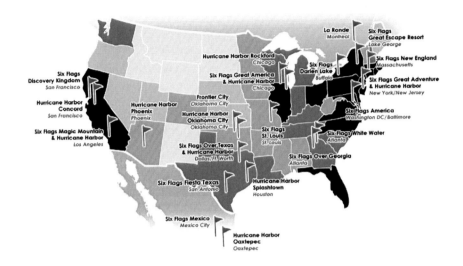

出典：Six Flags Overview, 'Six Flags At-a-Glance', 2021年11月19日アクセス
https://investors.sixflags.com/investor-overview/six-flags-at-a-glance

　同社の創業者はアンガス・ウィン（Angus Wynne）氏で、1961年にテキサス州に
初の「シックス・フラッグス・オーバー・テキサス」を開業した。ウィン氏は周りに
いるパイオニアを分析し、独自のファミリー・エンターテイメントを創造しようとし
た。ウィン氏は近くて行きやすくお手頃価格の地域密着型テーマパークを思いつい
た。テーマの創造と革新的な乗り物を開発した。1961年にテキサスにオープンした
時は多くの人が詰め掛けた。カウボーイ文化、フランスやスペインの文化、サザン・
ベル（南北戦争以前にアメリカ南部の上流階級で美人とされた理想の女性像）や海賊
がコンテンツとなった。同社の27パークはファミリー向け、10代向けに、1パーク
で多種多様なエンターテイメントやサービス（レストラン街やアウトレットを含む）
を提供する。同社はDCコミック（アメリカの漫画会社）やワーナー・ブラザース・
コンシューマー・プロダクツとのライセンス契約により園内で人気キャラクターの
バックス・バニー、バットマン、ロビンなどを使うことができる[121]。

---

[121] Six Flags Overview, 'Company History', 2021年11月19日アクセス
https://investors.sixflags.com/investor-overview/company-history

2. テーマパーク事業の経緯
スペインにテーマパーク計画

　1987 年 10 月、スペインの地中海沿岸に欧州最大級のレジャー施設が開業すると発表された。現地の不動産開発業者が娯楽施設、ホテル、マンションなどを約 70km² の土地に建設する。第一期工事は遊園地を中心にした約 5km² で、初期投資 **5 億 7500 万ドル**で 1990 年に完成予定である。スペイン政府は観光事業振興に力を入れており、この計画を全面的に支援する。新施設はジブラルタル海峡近くで、ジブラルタル市とマラガ市の中間に位置する。地中海を見下ろす山腹一帯に欧州最大のレジャー施設を、周辺に保養施設を建設する。シックス・フラッグスがレジャー施設の核となるテーマパークを計画する。この頃、同社はロサンゼルス、シカゴ、ヒューストンなど全米 6 ヶ所でテーマパークを運営し、ディズニー、MCA（ユニバーサル）に次ぐ地位を固めつつあった。この計画は地元の国際的投資家、R・アレイワン氏が練り、スペインの有力銀行、アレスバンクが資金援助する。また建設は米ゼネコン大手、ベクテル社（本社サンフランシスコ）が受注した。同社のコクラン社長は南スペイン進出について「欧州での市場調査の結果、地中海沿岸は観光地として今後ますます伸びることが確実で、テーマパークに最適」と述べた。ディズニーは当時パリ郊外にユーロディズニーランドを計画していて、MCA はスペインのバルセロナ周辺にユニバーサル・スタジオを計画していた。これで米三大レジャー会社のテーマパークが欧州にそろう[122]。しかし 2024 年現在、スペインにシックス・フラッグスのテーマパークは無いようだ。

タイム・ワーナーがシックス・フラッグス社を傘下に

　1992 年 1 月、タイム・ワーナー（TW）はシックス・フラッグスに総額 **3050 万ドル**を追加出資し、**株式の 50％を取得**した。アメリカの景気停滞の中、好業績を続ける地域密着型テーマパークを傘下に置くことになる。TW の企業イメージを高めるとともに、キャラクター商品などの新しい販売チャネルを得るのが狙いとみられた。TW はすでに 1991 年春、シックス・フラッグスの発行済み株式の 19.5％を 1950 万ドルで取得していた。その際、将来シックス・フラッグスの株式を 50％まで買収できる権利を得た。TW はシックス・フラッグスの事業が順調なことから株を買い増しして経営権を握ることにした。シックス・フラッグスを経営するタイム・ワーナー・エンタープライゼズのピットマン CEO は「1990 年代の米テーマパーク業界は滞在

---

[122] 1987/10/01 日経産業新聞 2 頁「スペイン地中海沿岸に大規模レジャー基地、米フラッグスなど協力。」

型に代わって地域密着型が高成長を続けると思う。シックス・フラッグス買収で当社の人気キャラクターやブランド商品の新たな販売促進ルート確立も期待できる」と述べた。TW からの追加出資に加え、投資銀行のブラックストーングループとワルツハイム・シュレーダーが総額 1 億 2500 万ドルを新規融資することで合意した。この結果、シックス・フラッグスは高金利の長期負債をほぼ全額返済できる見込みとなった。1991 年度は景気後退の影響でディズニーワールド（フロリダ州）の入場者数が大幅に減少し、2 ケタ減益を記録したが、シックス・フラッグスの年間入場者数は前年並みの 1700 万人を確保できた[123]。

大手映画各社、テーマパーク事業が好調

　1992 年夏、シックス・フラッグスのシカゴ郊外のテーマパーク「グレート・アメリカ」に『バットマン・リターンズ』のスタントショーと新型ジェットコースターを開設した。テーマパーク部門を担当するピットマン社長は「ジェットコースターは待ち時間 2 時間の大ヒット。1992 年のパーク入場者数は史上最高になりそう」と述べた。TW は映画『バットマン・リターンズ』も公開から 10 週目で 1 億 5800 万ドルの興行収入を突破した。映画とテーマパークの相乗効果は大きい[124]。

マジック・マウンテン隣接で新パーク設立

　1995 年 2 月、シックス・フラッグスはロサンゼルス近郊にテーマパーク「シックス・フラッグス・ハリケーン・ハーバー」を新設すると発表した。既存の「マジック・マウンテン」の隣接地に建設する。敷地面積 8.9 万平米、完成後は複合テーマパークとして一体運営する。シックス・フラッグスはテーマパーク事業では**ディズニーに次いで業界第 2 位、年間 2100 万人**以上の入園者がある。パーク新設は 1984 年にシカゴとミルウォーキー間に建設された「シックス・フラッグス・グレート・アメリカ」以来、11 年ぶりのことだった[125]。

タイム・ワーナー、テーマパーク部門売却で財務強化

　1995 年 4 月、TW はテーマパーク部門、シックス・フラッグスの株式 51％を米投

---

[123] 1992/01/04 日経産業新聞 3 頁「タイム・ワーナー、大手テーマパークのフラッグス社を傘下に。」
[124] 1992/09/04 日経産業新聞 3 頁「米大手映画会社、テーマパーク参入——劇場収入に限界、相乗効果で"延命"期待。」
[125] 1995/02/09 日経産業新聞 3 頁「米シックス・フラッグス、テーマパーク 11 年ぶり新設。」

資家グループ、ボストン・ベンチャーズに売却すると発表した。借入金の肩代わり分を含め売却総額は 10 億ドルである。借入金を減らし財務体質を強化するとともに映画や番組製作など中核事業を強固にしたい。シックス・フラッグスの全パークの年間入場者数は 2100 万人超、年間売上高約 5 億ドルである。TW は今後も 49%の株式を保有し、同社のキャラクターを使ったパーク運営に携わる。TW は 90 億ドルを超える長短借入金を抱える。レビン会長は 2 月に借入金を削減する方針を出し、「この合意は中核分野ではない事業を売却し、借入金を減らすための重要な一歩」とコメントした[126]。

ロサンゼルス郊外に 10 億円のジェットコースター導入

　1997 年 3 月、ロサンゼルス郊外のマジック・マウンテンに時速 160 キロの世界最高速度を誇るジェットコースター「スーパーマン・ザ・エスケープ」が導入された。建設費は推定 1000 万ドル（約 10 億円）である。これはリニアモーター駆動とするため、加速に優れており、およそ 7 秒間で最高時速の 160 キロに達する。地上 125 メートルの高さに一気に上り、落下する。その間約 45 秒、頂上では 6.5 秒間の無重力状態を体験する。シックス・フラッグスでは 1996 年 5 月に始動を予定していたが、スピードが思うように上がらず公開が延びていた[127]。

プレミア・パークスが 1900 億円でシックス・フラッグス買収

　1998 年 2 月、米テーマパーク運営会社プレミアパークスはタイム・ワーナー・エンターテイメントと投資会社ボストン・ベンチャーズが共同所有するテーマパーク企業シックス・フラッグスを約 19 億ドル（約 1900 億円）で買収すると発表した。プレミアパークスは 9 億 6500 万ドルでシックス・フラッグスの全株を取得し、8.9 億ドルの負債も引き受ける[128]。

シックス・フラッグス株、赤字転落でパニック売り殺到

　2002 年 8 月 21 日、シックス・フラッグスの株価が急落し、年初来安値圏で推移した。同月 19 日終値は 4.74 ドル、前週末比 0.65 ドル上昇したが、8 月上旬までの 12 ドル前後の水準から 6 割近く下落したままだった。急落のきっかけは同社の 2002

[126] 1995/04/18 日本経済新聞　夕刊 3 頁「米タイム・ワーナー、テーマパーク部門売却——財務体質を強化。」
[127] 1997/03/13 日本経済新聞　夕刊 3 頁「世界最高速時速 160 キロ、リニア駆動のコースター、ロス郊外に 15 日登場。」
[128] 1998/02/10 日本経済新聞　夕刊 3 頁「米テーマパークを買収。」

年 4-6 月期決算で、最終損益が 600 万ドルの赤字（前年同期は 1.3 億ドルの黒字）と市場予測より大幅に悪化したことによる。主要アナリストが相次ぎ投資判断を引き下げて売りが殺到した。13 日の下落率は 57%に達した。この時、シックス・フラッグスは全米各地と欧州で 38 のテーマパークを運営していた。景気低迷でテキサス州などで団体客が大幅に減少、4-6 月期は入場者数が全体で 11%減った。特にシーワールド（第 8 章）を買収後、テーマパークを拡大したクリーブランド（オハイオ州）では予定していたシャチの購入に失敗した。バーク CEO は「テロ再発に対する警戒でさらに客足が遠のいた」「年後半は当初の収益目標を達成できない」と述べた[129]。

ビル・ゲイツ氏に株を買われたために株価上昇

2002 年 8 月 24 日、シックス・フラッグス株が時間外取引で上昇した。マイクロソフトのビル・ゲイツ氏が同社株を 145 万株買い増ししたことが明らかになったからである[130]。

株式公開買い付けによる乗っ取りか

2005 年 12 月、シックス・フラッグスは米ナショナルフットボールリーグ（NFL）の「ワシントン・レッドスキンズ」のオーナーとして知られるダニエル・スナイダー氏を会長に指名した。同氏率いるレッドゾーンはシックス・フラッグスの筆頭株主である。そのレッドゾーンの請願同意書が第三者機関に認められてから 2 日も経っていなかった。シックス・フラッグスの経営陣はそれまでスナイダー氏に経営を委ねるより、あえて第三者への身売りを選ぶ意向を示した。株式公開買い付けによるレッドゾーンの経営支配権の取得の企てに反対しており株主には買い付けに応じないよう求めていた。公表された請願同意書によると、レッドゾーンは同社の送り込んだ 3 人の取締役候補が選任されシックス・フラッグスの現取締役を追い出した。レッドゾーンは第三者機関である IVS アソシエイツが、シックス・フラッグスの株式 57%が 3 人の取締役交代人事に賛成票を投じたことを証明したと明らかにした。それによると、シックス・フラッグスのバーク CEO、ジェームズ・ダンハウザーCOO、スタンレー・シュマン取締役が退任し、替わりにスナイダー氏、元ディズニー社の番組制作担当取締役でレッドゾーンの現 CEO のマーク・シャピロ氏と住宅建設の NVR のド

---

[129] 2002/08/21 日経金融新聞 8 頁「シックス・フラッグス赤字転落嫌気され急落（銘柄点検米国）」
[130] 2002/08/24 日本経済新聞 夕刊 4 頁「遊園地大手のシックス・フラッグスが時間外取引で上昇（NY 時間外取引）」

ワイト・シャー会長がシックス・フラッグスの取締役として新たに加わる。スナイダー氏とシャピロ氏は予定通り同月中旬を公開買い付けの最終期限とし、当初公表したような売却手順を進める意向を述べた。スナイダー氏による 4 ヶ月かけてのシックス・フラッグス乗っ取り事件は「物言う投資家」が経営者人事を左右できるほどの影響力のあることを示していた[131]。

米投資銀行ベア・スターンズがシックス・フラッグスの格付けを引き上げ

2006 年 1 月、米大手投資銀行ベア・スターンズがシックス・フラッグスの投資格付けを「ピア・パフォーム」から「アウトパフォーム」に引き上げた。同社はマーク・シャピロ氏を CEO に任命した。同氏はディズニー傘下の ESPN の経営陣だったことから、新 CEO の経営手腕に期待が持てるとの見方を理由に挙げた[132]。

6%増収も赤字拡大

シックス・フラッグスの 2005 年 10-12 月期決算は 6%の増収だったが、営業費が増加し赤字が拡大した。同年 1-12 月期の純損益は 1 億 4450 万ドルの赤字（前年同期は 1 億 1500 万ドルの赤字）となった。売上高は前年同期の 1 億 540 万ドルから 1 億 1180 万ドルとなった。株主とのプロキシーファイト（委任状争奪戦）の末、2005 年 12 月にキーリアン・バーク前 CEO ほか経営陣が交代し、ディズニー傘下の ESPN のトップだったマーク・シャピロ氏が新たに CEO に就任した。シャピロ CEO は声明で、「10-12 月期には昨年末の<u>経営陣交代に関連する費用を計上、営業費の増加要因となった</u>」と述べた[133]。

客単価上昇するも入場者減少

シックス・フラッグスの 2006 年 7-9 月期は、客単価が増加したものの、入場者数が減少したため 16%の減益になった。利益は前年同期の 1 億 9020 万ドルから 1 億 5930 万ドルに減少した。売上高は 5 億 4610 万ドルから 5 億 4070 万ドルに減少した。利益、売上高とも市場予想を下回った[134]。

---

[131] 2005/12/02 ダウ・ジョーンズ米国企業ニュース 0 頁「WSJ－シックス・フラッグス、「レッドスキン」オーナーを会長に指名」
[132] 2006/01/13 ダウ・ジョーンズ米国企業ニュース 0 頁「DJ－シックス・フラッグス、ベア・スターンズが格上げ」
[133] 2006/03/09 ダウ・ジョーンズ米国企業ニュース 0 頁「DJ－シックス・フラッグス、10-12 月期は 6%増収も赤字拡大」
[134] 2006/11/06 ダウ・ジョーンズ米国企業ニュース 0 頁「DJ－米シックス・フラッグスの 7-9 月期、減収減益ながら株価 11%高」

入場者数減少、赤字拡大、北米7パーク売却

　2007年3月16日のナスダック市場でシックス・フラッグスの株価が大幅安となった。2006年10-12月期決算でテーマパークの入場者数が減少し、赤字が拡大したと発表したところ、売りに押された。前日取引終了後に発表した10-12月期決算は純損益が1億9520万ドルの赤字（前年同期は1億4450万ドルの赤字）となった。売上高は1億430万ドルとほぼ前年並みの水準を確保した。客単価は前年比19%伸びたが入場者数が16%減った。10-12月期には同社の主要パークのほとんどが閉鎖された。シックス・フラッグスは同年1月に、非継続事業と位置づけている30の北米地区パークの内の7つを売却する方針を発表した。2006年通期の最終赤字は前期の1億3290万ドルから3億2760万ドルに拡大した。マーク・シャピロ社長兼CEOは「2006年は移行の年であり、家族向けに的を絞ったテーマパーク作りに取り掛かるとともに、債務削減のため一部パークの売却を検討している」と述べた[135]。

フリーフォールで両脚切断の事故

　2007年6月、米ケンタッキー州ルイビルの「シックス・フラッグス・ケンタッキー・キングダム」でタワーの高所から垂直に落下する遊具のケーブルが切れ、乗っていた13歳の少女の両足が切断される事故が起きた。全米各地の同様の遊具で点検のため停止措置が取られた。事故は地上約54メートルから最高時速約87キロで急降下する遊具で起きた。地元メディアによると、切れたケーブルが少女の両足を直撃、足首の上から切断する惨事となった。ケーブルが切れたタイミングや原因は明らかになっていない。同年4月の州当局の定期検査で異常は見つからなかった。シックス・フラッグスは系列テーマパークの同様の遊具を点検のため停止した。AP通信によると、その遊具はスイスのインタミン社製だが、部品まですべて供給しているわけではないという。この事故を受け、インタミン社製のタワー型垂直落下マシンを設置している日本のテーマパークで、緊急点検などを実施したが、ケーブルなどに異常はみられず、営業を続けた。事故のあった遊具と同種の施設がある横浜・八景島シーパラダイス（横浜市）と東武動物公園（埼玉県宮代町）では緊急点検を実施した[136]。

---

[135] 2007/03/19 ダウ・ジョーンズ米国企業ニュース0頁「DJ－シックス・フラッグスが安い、10-12月期入場者減り赤字拡大・通期も」
[136] 2007/06/25 東京読売新聞　朝刊38頁「急降下遊具の切れたケーブル直撃　少女が両足切断／米の遊園地」

悪天候と事故の影響で入場者減少、46%減益

　2007 年 11 月 9 日の米株式市場でシックス・フラッグス株が値下がりした。同社は悪天候とテーマパークでの事故の影響で入場者数が減り、7-9 月期決算が 46%の大幅減益だったため、株が売られた。**7-9 月期の純利益は 8970 万ドル**（前年同期は 1 億 6470 万ドル）となった。これには一時的な利益の 3680 万ドルが含まれる。売上高は前年同期比2%減の4億6520万ドル（約465億円）だった。テーマパークの入場者数は 1200 万人と昨年に比べ 3%減った。同社によると、7 月は悪天候でジョージア、テキサスのテーマパークで客足が落ち込んだのが響き、全体の入場者数が前年同期比 9%減少した。同社の幹部は決算発表後の電話会見で、8-9 月では 1%増加したが、年間で最もかき入れ時である 7 月に荒れ模様の天候が続いたことが大きく響いたと言う。ケンタッキー州で両足切断事故のニュースが全米に広がったことも来場者数の減少につながった。同社は 2007 年 12 月通期について、2006 年に比べ営業日数が 51 日少ないものの、入場者数が横ばいかあるいはやや上回り、2008 年では入場者の前年比で増加すると見込む[137]。

赤字縮小、園内の魅力アップ、オンライン広告増加

　シックス・フラッグスの 2007 年 10-12 月期決算は非継続事業で多額の損失を計上した前年同期と比べ赤字幅が縮小した。10-12 月期の純損益は 1 億 3240 万ドル（前年同期は 1 億 5200 万ドル）の赤字だった。前年同期には非継続事業による 8920 万ドルの損失を計上した。継続事業による損益は 1 億 3080 万ドルの赤字だった。同社は継続事業による赤字が膨らんだ理由として、株式報酬関連費の増大と収益貢献度の低いアトラクション撤去に伴い関連する費用が増加したことを挙げた。売上高は前年同期の 1 億 430 万ドルから 8%増の 1 億 1210 万ドル、入場者数は 4%増の 280 万人だった。2007 年通期の純損益は 2 億 7510 万ドルの赤字で、前期に比べ赤字幅は縮小した。ただ、継続事業による赤字額が前期の 2 億 700 ドルから 2 億 4410 万ドルに拡大、売上高は 3%増の 9 億 7280 万ドルとなった。同社は新アトラクション計画とレストランの「パパジョンズ」「ジョニーロケッツ」、アイスクリームの「コールド・ストーン・クリーマリー」など人気店の出店を引き続き増やすなど、魅力ある園内を演出することで客単価が上がると見込む。さらに企業とのスポンサー契約や海外のライセンス関連による収入が約 5100 万ドルに拡大すると予想する。マーケティング戦略もこれまで以上にターゲット市場を絞り、プロモーション媒体は、ラジ

---

[137] 2007/11/12 ダウ・ジョーンズ米国企業ニュース 0 頁「DJ－シックス・フラッグス 7-9 月期は 46%減益、悪天候などで入場者減少」

オを減らし、オンライン広告を増やす[138]。

経営戦略が成功し入場者数、売上高増加

シックス・フラッグスの 2008 年 7-9 月期の中間業績では、売上高とテーマパーク入場者数が増加しており、好調だった同年 4-6 月期の勢いがそのまま続いていた。中間業績報告は、夜間営業を行う夏シーズンを 2 週間余り残し 7 月はじめから 8 月 12 日までの 7-9 期前半を集計している。売上高は前年同期比 7.6%増、入場者数は 5.1%増となった。1 人当たり売上高は 2.4%増加した。協賛金やライセンス、その他契約収入を除いた客単価は 1%増加した。シャピロ CEO は、「7-9 月期は大変良いスタートを切っている。これは顧客満足の改善と中核事業の拡大を目指す複数年にわたる経営戦略が、持続的な長期成長をもたらし得ることを示すものだ」と述べた。同社はここ数年、業績に波があり、2007 年は非中核資産とみられる 7 ヶ所のテーマパークを売却し、事業継続を目的にテーマパークいくつかで入場料を引き下げた[139]。

3. 経営破綻
NY 市場上場取り消し、売上高 24%減少

シックス・フラッグスは金利コストと間接費が減ったため、2009 年 1-3 月期決算は損失幅が縮小した。また 2009 年 4 月 27 日までの有料入場者数はわずかながら増加した。ここ数年、浮き沈みの激しかった同社は破産法申請の可能性が噂されていた。同社は同年 4 月にニューヨーク市場の上場を取り消された。同社の純損失は前年同期の 1 億 5160 万ドルから 1 億 4080 万ドルに縮小した。売上高は 24%減少して 5190 万ドルとなった。メキシコ・ペソが安く推移したことやスポンサー料やライセンス許諾収入が減った影響もあり、1-4 月の売上高は前年同期比で 1230 万ドル減少、入場者数は 2%減少した。しかし、有料入場者数は少し増えた。為替レート変動の影響を除くと、客単価は 2%減少した[140]。

連邦破産法 11 条の適応申請し経営破綻

2009 年 6 月、シックス・フラッグスは連邦破産法 11 条（日本の民事再生法に相

---

[138] 2008/03/11 ダウ・ジョーンズ米国企業ニュース 0 頁「DJ－シックス・フラッグス、10-12 月期赤字縮小」
[139] 2008/08/15 ダウ・ジョーンズ米国企業ニュース 0 頁「WSJ－シックス・フラッグス 7-9 月期売上高、入場者数が好調＝中間報告」
[140] 2009/05/11 ダウ・ジョーンズ米国企業ニュース「DJ－シックス・フラッグス、1-3 月期決算は損失幅が縮小」

当）の適用を申請し、経営破綻した。リーマンショックでレジャー不振に陥り、失業率上昇などで消費者心理は冷え込み、レジャーは不調だった。シックス・フラッグスは負債総額約 34 億ドル（約 3340 億円）、2009 年 1-3 月期には入場者数が前年同期比 2%減り、客単価が 2%減少した。新型インフルエンザ流行でメキシコのテーマパークを一時閉鎖したことも打撃になった。同社は 2008 年 12 月期に 1 億 1200 万ドルの最終赤字を計上し、債務超過にあった。経営環境が一段と悪化したため法的整理に踏み切った。シャピロ CEO は負債の重みに持ちこたえられなくなったと言う。同社は債権者との間で負債を 18 億ドル減らすことなどを柱とした再建計画で合意した。経営再建中も営業を続ける。リーマンショック後、ディズニーでさえ客数減と客単価が減少した。同年 1-3 月期に収益の柱であるテーマパーク事業は売上高が前年同期比 11.7%減り、営業利益も同 49.6%減と大幅減益した。2009 年春、テーマパーク部門で約 1200 人の従業員をレイオフ（一時解雇）するなど合理化を進めた[141]。

シャピロ CEO、再建を急ぐ

　同社は再建計画では負債の一部を株式に転換するなどして、財務の健全化を急ぐ。シャピロ CEO は米 CNBC のテレビ番組に出演し、「この手続きは清算ではない。長期にわたる負債が問題だっただけで、本業は順調」と述べた。シックス・フラッグスの大株主はマイクロソフト創業者のビル・ゲイツ氏率いるファンド、カスケード・インベストメント（約 11%）などである[142]。

収入 82%増、黒字転換、CEO 交代

　シックス・フラッグスの 2010 年度 4-6 月期決算は黒字に転換した。破産法からの脱却に伴って特別利益が計上され、入場者数とスポンサー料の改善で収入が増加した。4-6 月期決算は同社が 5 月に連邦破産法の保護下から脱却してから初めての四半期決算となった。4-6 月期の純損益は 7 億 4350 万ドルの黒字（前年同期は 1 億 2160 万ドルの赤字）となった。同期には債務消却に伴う特別利益をはじめ、経営再建で生じた会計上の利益が 7 億 8690 万ドル計上された。前年同期には会社更正費用 7870 万ドルが含まれている。収入は 82%増の 3 億 2130 万ドル、新しいテーマパークの収入を除くと 7%増、入場者数 7%増の 820 万人となった。シーズンパスによる入場

---

[141] 2009/06/15 日本経済新聞　夕刊 3 頁「米レジャー産業、不振鮮明、テーマパーク大手が破綻。」
[142] 2009/06/19 日経 MJ（流通新聞）11 頁「米シックス・フラッグス破たん、テーマパーク、負債重く。」

者が好調で、団体向けの売り上げも増加した。一方、1日券の利益率は上昇したが、シーズンパスの値下げがその効果を一部相殺し、入場者の1日当たり支出は1%減少した。シックス・フラッグスはアル・ウェバー暫定CEOの後任としてジェームス・レイド・アンダーソン氏を新会長兼CEOに任命した。暫定CEOを3ヶ月間務めたウェバー氏はCOOに就任する[143]。

破産法による保護から脱却

シックス・フラッグスの2011年4-6月期決算は、入場料収入とテーマパーク内物品販売が増加したことで売上高が5.4%増加した。破産法適用後、2010年5月に破産法による保護から脱却した。入場者数はわずかに増加して820万となり、入場料収入とテーマパーク内販売額もそれぞれ9%増、4%増となった。4-6月期純利益は3500万ドル、売上高は3億3870万ドルだった。破産法から脱却した際、会計方法が変更されたため前年同期との比較はできない。2010年は破産法から脱却したあとの6月30日までの2ヶ月で純利益が1080万ドルとなった[144]。

ロサンゼルス郊外でジェットコースター事故

2014年7月、カリフォルニア州シックス・フラッグス・マジックマウンテンでジェットコースター「ニンジャ」が停止し、乗客24人が空中に取り残された、と消防当局が発表した。当局によると、午後6時頃にジェットコースターが木の枝に衝突し、地上6〜9メートルで停止した。乗客の救出には2時間以上かかり、うち4人が軽傷を負った[145]。

経営破綻後、順調

2018年6月、ギルマン・ヒル・アセット・マネジメントCEOは、「シックス・フラッグス・エンターテイメントは、参入障壁が非常に高い事業で極めて妙味のある銘柄だ。景気感応度が非常に低い。景気が悪い時は、遠くに行かずに近くのシックス・フラッグスに遊びに行くという流れになるため、売上高は安定している。2009年に一度破産申請し、その後を担った経営陣は非常に一貫性のある経営を行ってい

[143] 2010/08/17 ダウ・ジョーンズ米国企業ニュース「DJ－テーマパーク運営のシックス・フラッグス、4-6月期は黒字転換」
[144] 2011/07/26 ダウ・ジョーンズ米国企業ニュース「DJ－テーマパーク運営シックス・フラッグス、4-6月期売上高5.4%増」
[145] 2014/07/08 ロイター「米遊園地でジェットコースター停止、空中に24人取り残される」2021年8月9日アクセス https://jp.reuters.com/article/idJPKBN0FD0LH20140708

る。毎年必ずシーズンパスの価格を引き上げる。たとえ1ドル未満の値上げでも、利益に大きな効果がある。営業費用も大幅にカットした。税制改革の恩恵も受けており、利益が約4000万ドル上がった。調整後の利払い・税引き・償却前利益（EBITDA）は毎年着実に増加している。ドバイ、中国、サウジアラビアなどにライセンス供与している」とコメントした[146]。

4. ベトナム市場進出
ホーチミンにテーマパークとウォーターパークを計画

2016年3月、シックス・フラッグスは米国に本拠を置く民間企業、NaViエンターテイメント（以降NaVi）との戦略的パートナーシップを発表した。ベトナムのホーチミン市にテーマパークとウォーターパークを建設する。それぞれ「シックス・フラッグス」と「シックス・フラッグス・ハリケーン・ハーバー」のブランド名を使用する。どちらも3〜4年以内にオープンする。ジョン・ダフィーCEOは「当社の国際ライセンス戦略は勢いを増しており、成長機会と利益を得られる」と述べた。具体的な内容は明らかにされていない[147]。

ベトナムのパートナー企業、債務不履行で一時中止

2017年4月、シックス・フラッグスのダフィーCEOによると、ベトナム・プロジェクトはフランチャイズ・パートナーのNaViが「契約上の義務」を履行できず、NaViがシックス・フラッグスに債務不履行通知を送付した。同CEOは「新興市場への拡大には課題がないわけではない。NaViは土地所有権取得が遅れ続け、資金調達能力に悪影響があり、プロジェクトの支払いを滞らせる原因となっている」「NaViはこの状況を改善しようとしているが、シックス・フラッグスはベトナムでのプロジェクトを一時中止し、地域の他のステークホルダーとの協議を始めた。ベトナムは当社にとって非常に良い市場なので継続したい」と述べた[148]。2024年現在、ベトナム

---

[146] 2018/06/11 バロンズ拾い読み「4.Qualcomm and 2 Other safe, High-Yield Stocks 安全・高利回り銘柄【インタビュー】ギルマン・ヒル・アセット・マネジメントのCEOに聞く」
[147] Six Flags, News & Events, International Expansion Accelerates as Two Six Flags-Branded Parks to Open in Vietnam, (2016/03/21), 2023年7月12日アクセス
https://investors.sixflags.com/news-and-events/press-releases/2016/03-21-2016-203135661
[148] Attractions MANAGEMENT, Vietnam on hold and Saudi Arabia imminent as Six Flags CEO hints at further international expansion plans, (2017/04/27), 2023年7月12日アクセス

にそれらのテーマパークは無いようである。

5. 中国市場進出
中国・浙江省海塩に 46 億ドルのテーマパーク計画

　2016 年 1 月、シックス・フラッグス・エンターテイメント・コーポレーションは観光・不動産開発企業の山水文園投資集団が中国初のシックス・フラッグス・ブランドのテーマパークを含む 300 億元（約 46 億ドル）の開発プロジェクトに着工したと発表した。この複合用途開発地区は浙江省海塩にあり、テーマパーク部分は 2019 年にオープンする予定である。シックス・フラッグス・インターナショナル・ディベロップメント・カンパニーのジョン・オダム社長は、「シックス・フラッグスはあらゆる年齢層に技術革新とスリルを提供する。山水文園集団と協力してシックス・フラッグスのスリルを中国に紹介できて嬉しい。海塩では記録破りのジェットコースター、家族向けの乗り物やアトラクション、世界クラスのショーなど当社の代表的なラインアップに加え、物語で名高い中国文化への敬意を表したテーマ別セクションを配置する」と述べた。この複合用途開発プロジェクトの第一段階は展示センターで、2016 年秋オープン予定である。山水文園投資集団の李軼董事局主席は、「シックス・フラッグスはこの新リゾート開発全体の中心となり、長江デルタと中国東部全域の観光に大きな経済的メリットをもたらす」と述べた。なお、この頃、シックス・フラッグスは、世界最大の地域テーマパーク企業であり、売上高約 12 億ドル（約 1200 億円）、米国全域、メキシコ、カナダで 18 ヶ所のテーマパークを運営していた[149]。

中国の景気減速で新テーマパーク開園延期

　2019 年 2 月、シックス・フラッグスは中国の景気減速などを理由に中国での新しいテーマパーク開園を延期すると発表した。その影響で 2018 年 10-12 月期の売上高は約 1500 万ドル下がり、前年同期比 5%増の 2 億 6950 万ドルとなった。海外部門の収入見通しは 38%減の 1490 万ドルだった。中国での開園延期の影響は今後も続きそうだった[150]。

---

https://www.attractionsmanagement.com/index.cfm?subID=0&pagetype=news&codeID=331683&dom=n&email=web&pub=AMe&date=
[149] 2016/01/20 財経新聞「中国初となるシックス・フラッグス・ブランドのテーマパークの起工式を挙行」2021 年 11 月 16 日アクセス https://www.zaikei.co.jp/releases/321680/
[150] 2019/02/15 ダウ・ジョーンズ米国企業ニュース「DJ－米シックス・フラッグス、10-12 月期は中国の遊園地開園延期響く」

中国の提携先のデフォルトが響き赤字転落

　シックス・フラッグスの 2019 年 10-12 月期決算は赤字に転落した。中国で提携先のデフォルト（債務不履行）が響いた。同社はマーシャル・バーバーCFO が 8 月 31 日付で退任すると発表した。同年 10-12 月期の純損益は 1116 万ドルの赤字（前年同期は 7942 万ドルの黒字）、売上高は 2 億 6100 万ドル（同 2 億 6750 万ドル）に減少した[151]。

6. 中東市場進出

ドバイにテーマパーク計画発表

　2008 年 3 月、業績が低迷しているシックス・フラッグスはドバイのディベロッパーと協力し、アラブ首長国連邦にテーマパークを建設する計画を発表した[152]。

　そして 2014 年 4 月、同社はアラブ首長国連邦のドバイに地元のディベロッパー、メラース（Meraas）エンターテイメントと合同でシックス・フラッグス・ブランドのテーマパークを 2017 年後半に開業すると発表した。この頃、同社はアメリカ、カナダ、メキシコの 18 ヶ所にテーマパークを運営し、売上高約 11 億ドル（約 1100 億円）だった[153]。

サウジアラビアでテーマパーク計画

　2016 年 6 月、シックス・フラッグスはサウジアラビアでテーマパークの開園を計画している、とサウジアラビアの国営テレビが報じた。シックス・フラッグスのジョン・ダフィーCEO は、訪米したサウジアラビアのムハンマド副皇太子との会談後、「サウジアラビアの国民が望むような娯楽を提供できる」と述べた。サウジアラビアは極めて保守的なイスラム教国家で、公共の場で男女は同席すべきでないとされている。シックス・フラッグスでメインとなるジェットコースターやウォータースライドなどのアトラクションをサウジで展開するかは明らかでない。さらに、同年 3 月にはベトナムでテーマパーク開設に向け民間企業と提携した[154]。

---

[151] 2020/02/20 ダウ・ジョーンズ米国企業ニュース「DJ－米シックス・フラッグスが赤字転落　中国提携先の債務不履行響く」
[152] 2008/03/05 ロイター通信ニュース「ワシントン・ポスト紙早版ヘッドライン（5 日付）」
[153] Six Flags, "Six Flags-Branded Theme Park to Open in Dubai", 2014/04/10, 2021 年 11 月 16 日アクセス　https://investors.sixflags.com/news-and-events/press-releases/2014/04-10-2014
[154] 2016/06/21 ロイター「米シックス・フラッグス、サウジで遊園地開園を計画」2021 年 8 月 9 日アクセス https://jp.reuters.com/article/idJPKCN0Z7026

シックス・フラッグス・ドバイ建設開始

2016年6月、シックス・フラッグス・ドバイの建設が開始され、開発の第2段階が始まった。シックス・フラッグス・ドバイは2019年後半開業予定で、ドバイ・パークス・アンド・リゾートの第4パークとなる。6つのテーマゾーンに全年齢層向けの27の乗り物やアトラクションが設置される。敷地面積は350万平方フィート、初日の敷地面積は200万平方フィートで、プロジェクトの推定コストは26億ディルハム（1ディルハム=30円）である。6つのジェットコースター、4つの空中アトラクション、350メートルのリバーラピッズライド、3つのパフォーマンススペース、16の飲食店と16の小売店がある[155]。

ドバイで世界最大のジェットコースター計画

2017年、シックス・フラッグスは世界最大のジェットコースターなどの計画を進めていた。UAE政府は「ハコ（施設）をつくれば人が来る」と、大型テーマパークの誘致に躍起になっていた。2010年代には、ドバイでファミリー層を狙ったテーマパークの開業が相次いでいた。スパイダーマンなど米国漫画をテーマとした世界最大の室内テーマパーク「IMGワールド・オブ・アドベンチャー」や、ハリウッド映画の世界を楽しめる「モーションゲート」、子供向けの「レゴランド」がオープンした[156]。

シックス・フラッグス・ドバイ開園延期か

2018年11月、DXBエンターテイメントは建設費26億ディルハム（7億780万ドル）のシックス・フラッグス・ドバイ計画が延期される可能性があると発表した。戦略の見直しを行っている。同年第3四半期の主要アトラクションの入場者数が5%増加したと報告した。DXBは2017年8月にドバイ・パークス・アンド・リゾートの新たな戦略を発表し、来場者数が予想を下回ったことを受けて主要幹部が交代した。ドバイ・パークス・アンド・リゾートは同年9月末までの3ヶ月間で50万1394人の入場者だったが、前年同期は47万8987人だった。同期間の同社の収益は1億1500万ディルハムから1億ディルハム（2800万ドル）に11%減少したが、利払い・

---

[155] 2016/06/03 EMIRATES 24/7, Dubai Parks and Resorts: Construction of Six Flags theme park takes off, 2023年7月10日アクセス
https://www.emirates247.com/business/economy-finance/dubai-parks-and-resorts-construction-of-six-flags-theme-park-takes-off-2016-07-03-1.634782
[156] 2017/02/14 週刊エコノミスト 60-62頁「WORLD WATCH: UAE 相次ぐテーマパーク 集客には改善も必要＝アンドリュー・ウェザオール」

税・減価償却前利益（EBITDA）の損失は 1 億 500 万ディルハムから 8100 万ディルハム（2200 万ドル）に 23%改善した。DXB エンターテイメントは強化計画に基づいて 2019 年上半期までにボリウッドパークに 11 の新しいショーを導入する計画で、冬のピークシーズンに先立ってチケット価格を改定したと発表した。同社は戦略の見直しで既存の顧客の需要を踏まえてシックス・フラッグス・ドバイの拡大の範囲、スケジュール、潜在的な代替案を決定する[157]。

銀行による協調融資団、融資しないと決定

　2019 年 2 月、DXB エンターテイメントは、シックス・フラッグス・ドバイ建設は資金難のため延期されたと発表した。同社は「その間、シックス・フラッグス・ドバイの予測修正に関して資金提供者の懸念が高まった」「資金援助を目的とした協調融資は利用できなくなり、プロジェクトを進めることはできない」と発表した。UAEではテーマパークなどのエンターテイメント施設が次々と誕生しているが、訪問者数減少と高コストで苦戦しているケースもある。同社は 2018 年に 42 億ディルハム（11 億ドル）の銀行債務を整理し、ドバイ政府系開発会社の大株主メラアス・ホールディングから新たな資金提供を受けた。2019 年第 3 四半期決算では、同期間の訪問者数が増加し、前年同期に比べて損失が縮小した[158]。

資金調達できずドバイでの計画中止

　2019 年 4 月、DXB エンターテイメントの株主はシックス・フラッグス・ドバイの中止を決定した。同プロジェクトは資金調達できなくなったため、2019 年初めに延期された。DXB エンターテイメントはドバイ金融市場（DFM）に上場しており、2018 年通年の純損失を 10%以上削減して 10 億ディルハムに縮小した。ドバイ・パークス・アンド・リゾートは 2018 年に 280 万人近くの訪問者を記録し、前年比 22%増加した。営業費用は前年比 21%減の 7 億 2800 万ディルハムに減少した。ボリウッド、ハリウッド、レゴランドのテーマパークで構成されるドバイ・パークスは 2017

---

[157] 2018/11/06 Gulf Business, Dubai Parks and Resorts may push back opening of Dhs2.6bn Six Flags theme park, 2023 年 7 月 11 日アクセス https://gulfbusiness.com/dubai-parks-resorts-may-push-back-opening-dhs2-6bn-six-flags-theme-park/
[158] 2019/02/07 Gulf Business, Six Flags Dubai theme park put on hold as funding withdrawn, 2023 年 7 月 11 日アクセス https://gulfbusiness.com/six-flags-dubai-theme-park-put-hold-funding-withdrawn/

年に 670 万人の来場者を目標としたが、集客は 230 万人にとどまった[159]。

7. 考察

　本章では、シックス・フラッグスのテーマパーク事業の経緯と経営破綻、その後の国際展開を考察し、次の点を明らかにした。

　第 1 に、1987 年にスペインの地中海沿岸にシックス・フラッグスのテーマパーク計画があり、実現すれば欧州最大級のレジャー施設になった。1980 年代にはすでに国際展開を目指していたことが明らかになった。この頃、TDL が人気を博しているとアメリカで報じられたことに影響され、国際展開を目指したのではないか。

　第 2 に、1995 年にはシックス・フラッグスはテーマパーク事業ではディズニーに次いで業界第 2 位、年間入場者数 2100 万人以上、売上高約 5 億ドルとなった。米調査会社 AECOM の調査では、シックス・フラッグスは 2019 年でも米国内 3 位[160]を保っていた。米国でディズニー、ユニバーサルに次いで 3 位を維持するのは難しいことだろう。日本でディズニー、ユニバーサルに次いで 3 位を維持するのと同じくらい難しいだろう。

　第 3 に、1992 年にタイム・ワーナーがシックス・フラッグスを傘下に収めるために総額 3050 万ドルを追加出資し、株式の 50%を取得した。シックス・フラッグスの年間入場者数は前年並みの 1700 万人を確保した。アメリカではロサンゼルス周辺とフロリダ州オーランド周辺がテーマパークの産業集積である。そこまで飛行機で行って、空港からレンタカーとなると大きな支出である。日帰りレジャーとして地域密着型のシックス・フラッグスは好調だった。アメリカは日本より遥かに広いので、ディズニーやユニバーサルが遠いならば、中小規模の地域密着型テーマパークの需要が大きいだろう。

　第 4 に、2007 年にケンタッキー州のフリーフォールで両脚切断事故があり、その影響で入場者数が減り、大幅減益になった。こまめなメンテナンスで事故を防げるのではないか。シックス・フラッグスは絶叫マシンが売りなので、事故を起こしたら信用低下につながるだろう。絶叫マシンはメンテナンス費が高額なため、資金力のあるテーマパークしか導入できない。

　第 5 に、同社はリーマンショック後の 2008 年 12 月期に債務超過で 2009 年 4 月

[159] 2019/04/25 Gulf Business, Plans cancelled for Dhs2.6bn Six Flags Dubai theme park project, 2023 年 7 月 10 日アクセス https://gulfbusiness.com/plans-cancelled-dhs2-6bn-six-flags-dubai-theme-park-project/
[160] AECOM, Theme Index 2019, p11, 2021 年 6 月 30 日アクセス https://aecom.com/content/wp-content/uploads/2020/07/Theme-Index-2019.pdf

にニューヨーク市場での株式上場を取り消され、2009年6月に連邦破産法11条の適用を申請し、経営破綻した。負債総額約34億ドル（約3340億円）だった。2008年のリーマンショックでレジャー不振に陥り、ディズニーですらテーマパークの客数が伸び悩んだ。しかし同社は2010年には黒字転換し、2010年5月には破産法による保護から脱却した。

第6に、2016年にシックス・フラッグスはサウジアラビアでテーマパークの開園を計画し、ダフィーCEOはサウジアラビアのムハンマド副皇太子と会談した。サウジアラビアは王国で、国王一族の権力が強い。副皇太子と会談したと言うことは、一民間企業の意向より、テーマパーク実行可能性が高いだろう。

第7に、同社は2019年に中国の景気減速などを理由に中国での新しいテーマパーク開園を延期した。2021年に中国不動産大手の恒大集団のデフォルト（債務不履行）が報じられ、中国の不動産バブル崩壊の予兆が世界的に知られるようになった。ほぼ同時期に、ドバイやベトナムでもテーマパーク計画を発表したが、現地事業が資金調達できないなどの理由で計画中止となった。シックス・フラッグス以外も、新興国進出を目指すも、契約後に新興国の企業に支払い能力がなく、開業にこぎつけないケースが目立つ。

絶叫マシンは巨額なので、存在自体が**富の象徴**である。日本の富士急ハイランドなどの絶叫マシンは一基20〜30億円はする。シックス・フラッグスの絶叫マシンの価格は不明だが、同じくらいの価格だとすると、資金力のあるテーマパークしか購入できない。

本章の限界は、日本にシックス・フラッグスについてあまり情報が入ってこないことである。同社はニューヨーク証券取引所に上場されているため、ダウ・ジョーンズによる株価の動向のニュースがほとんどである。

8. まとめ

アメリカでは、ディズニーとユニバーサルは1号店がロサンゼルス周辺に、2号店がフロリダ州オーランド周辺にある。両社とも全米でその2ヶ所のみで、大規模なテーマパークに資源を集中させている。それに対してシックス・フラッグスは中小規模のテーマパークが北米大陸に27（多い時は30）あり、資源を分散させている。同社は**中規模の地域密着型テーマパークとして世界最大手**を目指しており、実際に世界最大手である。同社はさらに絶叫マシンに特化するという特徴も出している。つまり「シックス・フラッグス＝絶叫マシン」と思われているが、加えて中規模の地域密着型テーマパークで、近隣のレジャーとして選ばれている。ディズニーやユニバーサ

ルなど遠方に飛行機で行き、複数日間、滞在するレジャーとは費用が異なるのである。景気が悪くなってもディズニーに比べて入場者数を減らさない。

　それでも同社はリーマンショック後のリゾート不振のタイミングで経営破綻した。アメリカではテーマパークは人気のレジャーであるが、他のレジャー市場も大規模で、競合過剰である。また低予算で設立できる中小規模のテーマパークは、他の事業者にとって参入しやすい。日本より買収と売却が盛んだと思われる。

追記

　筆者は絶叫マシンマニアなので、世界で一番好きなテーマパークは「シックス・フラッグス・マジックマウンテン」である。今まで行ったすべてのテーマパークの中で一番良かった。また行きたい。何度でも行きたい。すべての絶叫マシン好きに勧める、ここにできるだけ若いうちに行くことを。

第8章　海洋生物のシーワルドと動物愛護問題

1. はじめに

　アメリカのウォーターパーク、動物園、水族館を併設する大手テーマパークといえばシーワールドである。シーワールドは世界有数の海洋生物のテーマパークで、シャチやイルカのショーが人気である。しかしそれらに関して動物愛護団体から訴えられるなど、社会問題を包摂している。

　本章では、シーワールドのテーマパーク事業の経緯と動物愛護問題を考察する。第1にシーワールドの概要、第2に同社のテーマパーク事業の経緯、第3にシャチのショーが動物愛護団体に問題視されて提訴された問題を考察する。

2. シーワルドの概要と業績
シーワルド・エンターテイメントの概要

　シーワルド・エンターテイメント（SeaWorld Entertainment, Inc.）はテーマパークとエンターテイメントの大手企業で、動物学を研究する世界有数の一社、動物福祉、トレーニング、畜産、獣医、動物ケアの世界的リーダーである。同社は世界最大の動物学の研究対象を集合的に管理し、動物管理の進歩を牽引してきた。さらに病気、負傷、孤児、または放棄された海洋動物と陸生動物を救助し、野生に戻すことを目標にリハビリテーションを実施する。シーワルド®レスキューチームは過去55年間で3.6万頭以上の動物を助けた。シーワルド・エンターテイメントは「シーワルド」「ブッシュガーデン」「アクアティカ」「セサミプレイス」「シーレスキュー」などのテーマパークブランドを所有またはライセンス供与している。55年の歴史の中で、12のテーマパークが米国全土の主要市場にあり、その多くは独自の動物学の収集成果を展示している[161]。

　Sea World®は世界有数の海洋生物テーマパークブランドで、オーランド、サンアントニオ、サンディエゴにある。トレーナーと一緒に仕事をして、海洋動物に餌をあげる機会、さらにテーマ別のスリルライド、ユニークな動物のショーなどを提供する。**Busch Gardens**®（ブッシュガーデン）は受賞歴のある庭園が有名で、様々なアトラクションやジェットコースターを有する家族向けパークである。ブッシュガーデン・タンパでは、スリルある乗り物やアトラクションに加えて、アフリカ、アジア、

---

[161] Sea World Entertainment, Company Overview, 2023年4月10日アクセス
https://www.seaworldinvestors.com/company-overview/default.aspx

オーストラリアの大陸の動物もいる。国立遊園地歴史協会に世界で最も美しい公園に選ばれたブッシュガーデン・ウィリアムズバーグは25年連続で、質の高い演劇作品を含むヨーロッパをテーマにした文化と料理を提供する。**Aquatica®**（アクアティカ）は南洋をテーマにした家族向けの熱帯のテーマパークで、乗り物、水を利用したアトラクション、ビーチ、海洋動物や陸生動物の展示があり、オーランド、サンディエゴ、サンアントニオにあるシーワールドに隣接するウォーターパークとして設置されている。**Discovery Cove®**（ディスカバリーコーブ）はシーワールド・オーランドに隣接する完全予約制の海洋生物の昼間のリゾートで、イルカと泳いだり交流したり、サンゴ礁の中を水中ウォーキングしたり、ビーチやプライベート・カバナを楽しむリゾートである。入場者数を1日あたり約1300人に制限し、リラックスしたハイエンドの高級リゾート体験を提供する。**Sesame Place®**（セサミプレイス）は受賞歴のあるテレビ番組『セサミストリート』をベースにした米国で唯一のテーマパークである。フィラデルフィアとニューヨーク市の間に位置するセサミプレイスには、回転する乗り物、ウォータースライド、カラフルなショー、子供の遊び場などがある[162]。

シーワールド・エンターテイメントの業績

　同社は2020年から新型コロナウィルス流行で大打撃を受けたため、その前の2015〜2019年の業績（表1）と、新型コロナ流行中の2020年以降の業績（表2）を見る。2015〜2019年までの入場料収入、飲食と物品販売の収入、収入合計、費用合計は5年連続でほとんど同額である。ただし当期純利益（または損失）は異なる。

　入場料収入は、2021年は2020年の2億5540万ドルと比較して5億9650万ドル（233.6%）増加して8億5190万ドルになった。2021年の総入場者数は2020年と比較して約1380万人増加した。主な要因は需要増加と2020年と比較して2021年の通常運営に復帰したため営業日数が約90%増加したことによる。1人あたりの入場料は2020年の40.07ドルと比較して2021年の42.17ドルに5.2%増加した。1人あたりの入場料は主に戦略的な価格設定として入場価格が上昇したことで増加した。2021年の飲食・商品およびその他の収益は2020年の1億7640万ドルと比較して4億7540万ドル、269.5%増加して6億5180万ドルになった。1人あたりの支出は2020年の27.68ドルから2021年の32.26ドルに16.5%増加した。2021年の飲食・商品およびその他の収益のコストは2020年の3670万ドルと比較して7760

---

[162] SeaWorld Entertainment, Parks Overview, 2023年4月10日アクセス
https://www.seaworldinvestors.com/English/company-overview/parks-
overview/default.aspx

万ドルまたは 211.3%増加して 1 億 1430 万ドルになった。関連収益の割合減少は正常運営への回帰と調達コスト削減努力による。インフレ圧力を相殺する以上の成果を上げた。2020 年の営業費用は新型コロナ流行による営業制限と一時的なパーク閉鎖による営業日と営業時間の制限、一時帰休、人員削減で大きな影響を受けた。その結果、2021 年の営業費用増加は主に正常業務への復帰による。特に営業費用は構造的な費用削減努力で部分的に相殺されたが、人件費と営業再開のためのその他の営業費用が主な原因で増加した。2021 年の営業費用は一時的新型コロナ流行でパーク閉鎖に起因する約 1190 万ドルの契約上の負債と法的費用、非現金株式報酬費用の約 910 万ドルの増加、追加されたイベントに関連する営業費用の影響も受けた[163]。

表 1：新型コロナ流行前の業績推移（単位：1000 ドル）

	2019 年	2018 年	2017 年	2016 年	2015 年
入場料収入	802,834	798,793	765,793	817,793	846,922
飲食物販収入	595,410	573,497	498,252	526,499	534,082
収入合計	1,398,244	1,372,290	1,263,324	1,344,292	1,371,004
費用合計	1,185,044	1,220,623	1,464,687	1,284,707	1,211,568
当期純利益	89,476	44,788	▲202,386	▲12,531	49,133

出典：Sea World Entertainment, Annual Report 2019, p.41, 2023 年 4 月 11 日アクセス
https://s1.q4cdn.com/392447382/files/doc_financials/Annual%20Reports/Annual/SEAS-2019-Annual-Report.pdf

表 2：新型コロナ流行後の業績推移（単位：1000 ドル）

	2021 年	2020 年
入場料収入	851,891	255,376
飲食物販収入	651,839	176,403
収入合計	1,503,730	431,779
費用合計	1,071,768	673,442
当期純利益	256,513	▲312,321

出典：Sea World Entertainment, Annual Report 2022, p.45, 2023 年 4 月 11 日アクセス
https://s1.q4cdn.com/392447382/files/doc_downloads/2022/SEAS-2021-Annual-Report-

---

[163] Sea World Entertainment, Annual Report 2022, pp.45-46, 2023 年 4 月 11 日アクセス https://s1.q4cdn.com/392447382/files/doc_downloads/2022/SEAS-2021-Annual-Report-FINAL.pdf

役員：最高動物学責任者（CZO）

　同社の役員には CEO や CFO などのリストに「CZO：Chief Zoological Officer：最高動物学責任者」がいる。クリストファー・ドルド（Christopher Dold）博士は2016 年に同社の CZO に任命された。それ以前、同博士は 2008 年から 2016 年まで獣医サービス担当副社長を務め、2005 年から 2008 年までシーワールド・オーランドの上級獣医を務めた。同社入社前、同博士は米国アカデミーと国立研究評議会の米国海軍海洋哺乳類プログラムのポスドク臨床フェローで、サウサリートの海洋哺乳類センターで海洋哺乳類医学および病理学のカリフォルニア大学デービス校インターンシップを完了した。同博士はアメリカ獣医医学協会、国際水生動物医学協会、ヨーロッパ水生哺乳類協会、アメリカ動物園獣医師協会のメンバーである[164]。他のテーマパークの役員にいない肩書きである。

3. シーワールドのテーマパーク開発の経緯
テキサス州サンアントニオに 1.4 億ドルでシーワルド建設

　1988 年 5 月、テキサス州サンアントニオに世界最大規模のシーワールドである「シーワールド・オブ・テキサス」が開業した。事業主のハーコート・ブレース・ジョバノビック（HBJ）が 1.4 億ドルを投じて建設した[165]。

　この頃、テキサス州は観光産業振興に力を入れていた。サンアントニオ市がシーワールドを誘致し、年間 300 万人の観光客と 10 億ドルの経済効果を見込む。サンアントニオは観光資源をさらに増やすためにシーワールドの誘致に全力をあげた。事業主の HBJ は米南西部の成長性に注目していたため、カリフォルニア州サンディエゴ、フロリダ州オーランド、オハイオ州オーロラに続く 4 番目の立地先としてサンアントニオ市を選んだ。シーワールドのオープンに合わせてサンアントニオ市は民間資金を含む 2 億ドルの資金で観光施設を拡充した。同市は観光都市で、同市を訪れる観光客は年間 1000 万人、観光収入は 10 億ドルで、シーワールドは観光客数を 3 割増、観光収入を 2 倍に増やす、と同市は予測した[166]。

---

[164] Sea World Entertainment, Management Team, 2023 年 4 月 11 日アクセス https://www.seaworldinvestors.com/corporate-governance/management-team/default.aspx

[165] 1988/05/26 日経産業新聞 4 頁「世界最大のシーワールド、HBJ、米テキサスで完成。」

[166] 1988/06/04 日経産業新聞 2 頁「観光に全力・テキサス州——テーマパークを誘致、10 億ドルの経済効果に期待。」

米アンハイザー・ブッシュがシーワルドを 11 億ドルで買収

　1989 年 10 月、米ビール業最大手、アンハイザー・ブッシュ社（主力商品バドワイザー）がテーマパーク事業を大幅に拡大する。4 ヶ所のシーワールドを米 HBJ から 11 億ドルで買収することで合意した。シーワールドは MCA 社（ユニバーサル・スタジオを運営）など数社が獲得競争していたが、経営多角化を図るアンハイザー社が業界予想を下回る価格で入手した。シーワールドのサンディエゴ、オーランド、オハイオ州クリーブランドの 3 パークは 1988 年に年間入場者数 1160 万人だった。サンアントニオに 1988 年にオープンしたシーワールドは開設以来 8 ヶ月で 290 万人の入場者があり、4 ヶ所とも人気がある。HBJ 社は出版業だが、1987 年に英国のメディア王、ロバート・マックスウェル氏の乗っ取り攻勢をかわすために 30 億ドルの負債を抱えた結果、1989 年 6 月にシーワールド部門の売却を決めた[167]。

スペインのバルセロナ郊外に 400 億円で統合型リゾート計画

　1992 年 4 月、米アンハイザー・ブッシュ（本社米ミズーリ州）はスペインのバルセロナ近郊のタラゴーナ・プロバンスにテーマパーク、ホテルなどを含む総合リゾート施設を建設する。同年後半に着手し、1995 年オープン、建設費用 3 億ドル（約 400 億円）の計画である。建設事業は地元企業のティビダボと合弁企業を設立して進める。施設はテーマパーク、ホテル、ゴルフ場、住宅地、商業施設なども含む面積約 2000 エーカー（約 8km²）と広大である。アンハイザー・ブッシュはビールの売り上げが全体の 7 割強を占めている。同社が米国外でリゾート施設を建設するのはこれが初めてである[168]。

サンディエゴの施設に 5000 万ドル投資

　1992 年 10 月、「シーワールド・オブ・カリフォルニア」（サンディエゴ市）は今後 1 年間で 5000 万ドルをかけて施設を拡充すると発表した。新しい売りは、観客がバンドウイルカと交流できる水族館として世界最大級の「ドルフィン・ベイ」と、アラスカに生息するカワウソの水族館「アター・アウトルック」である。ロサンゼルス

---

[167] 1989/10/02 日経産業新聞 3 頁「米アンハイザー、「シーワールド」を買収——遊園地事業を強化。」
[168] 1992/04/02 日本経済新聞　夕刊 5 頁「スペインに総合リゾート、アンハイザー・ブッシュ。」

暴動[169]後、観光客が減少傾向にあるロサンゼルス地域に代わって、サンディエゴは家族向け観光地として注目され、入場者数も増えていた。このタイミングを狙って投資した。ドルフィン・ベイは最高 25 頭のイルカを飼育できる水槽と、観客が餌を与えることができる水槽からなる。一方、アター・アウトルックは、アラスカで 1989 年に起きたタンカー原油流出事故で救出されたカワウソ 10 頭の保護・飼育に充てる。シーワールドは「最近の米航空券の割引競争もプラス要因となり、1992 年の入場者数は過去最高だった 1991 年の 380 万人を上回る」と見込む[170]。

シーワルドが大阪府堺市に進出計画

1995 年 1 月、シーワールドが大阪府堺市の臨海部にある新日本製鉄堺製鉄所の未利用地に進出を打診していることが明らかになった。実現すれば大阪市内に計画されているユニバーサル・スタジオに次ぐ大型アミューズメント施設となる。シーワールドを経営するアンハイザー・ブッシュ社が**伊藤忠商事**を窓口にして新日鉄に進出を打診してきた。大阪への進出を検討しているのは、関西国際空港を利用して日本国内だけではなくアジア各国からの入場客を見込めるからである[171]。

4. 買収と IPO

米ブラックストーンがシーワルドを買収

2009 年 10 月、アンハイザー・ブッシュ・インベブは米大手未公開株投資会社ブラックストーン・グループにサンディエゴのシーワールドを含む 10 ヶ所のテーマパークを売却することで合意した。米国で人気ランク 4 位の「サンディエゴ・シーワールド」、テキサス州サンアントニオとフロリダ州オーランドのシーワールド、フロリダ州タンパとバージニア州ウィリアムズバーグのブッシュガーデンなどが含まれる。ウォール・ストリート・ジャーナルによると、ブラックストーンは 10 ヶ所のテーマパークを総額 25 億〜30 億ドルで買収するための作業を進めている。アンハイザー・ブッシュ・インベブ、シーワールド、ブラックストーンの幹部はいずれも、この件についてコメントに応じなかった。ブッシュ・エンターテイメントが運営するテ

---

169 ロサンゼルス暴動：1992 年にロサンゼルスで起こった大規模な暴動。警察署や商店が襲われ放火され、軍隊が出動して鎮圧した。人種間対立問題が顕在化したと言われる。多数の死者、負傷者、逮捕者を出したアメリカ史上最悪の暴動。
170 1992/10/27 日経産業新聞 3 頁「シーワールド・オブ・カリフォルニア、5000 万ドル投じ施設を拡充、入場者増加。」
171 1995/01/10 産経新聞　夕刊 3 頁「大阪進出を検討　米テーマパーク「シーワールド」新日鉄に打診」

ーマパークでは 2008 年のリーマンショックの影響で来場者数が減少していた。テーマ・エンターテイメント協会（TEA）とエコノミクス・リサーチ・アソシエーツ（ERA）がまとめた調査によると、2008 年のテーマパークの来場者数は、サンディエゴのシーワールドが前年比 2.7%減の 410 万人、タンパのブッシュガーデンが同 2%減となった。ベルギーのインベブは 2008 年にアンハイザー・ブッシュを 520 億ドルで買収し、世界最大のビールメーカー、アンハイザー・ブッシュ・インベブが誕生した。インベブは以来、買収資金の一部を返済するために非中核資産を売却する方針を明らかにしていた。ブラックストーンはすでにレジャー・エンターテイメント業界で主要プレーヤーとなっていた。すでにフロリダ州オーランドのユニバーサル・スタジオの共同運営会社で、2008 年は米カジノ運営大手のハラーズ・エンターテイメントの一部株式を取得した。その他にもカリフォルニア州カールズバッドのレゴランドを運営するメルリン・エンターテイメンツ・グループを傘下に置く[172]。

シーワールドが IPO 申請、最大 1 億ドル調達へ

2012 年 12 月、シーワールド・パークス・アンド・エンターテイメント（フロリダ州オーランド）が新規株式公開（IPO）を通じて最大 1 億ドルを調達する計画を申請した。ブラックストーン・グループ傘下のシーワールドが IPO を実施するとの観測は、同月初めに浮上した。事情に詳しい関係者はダウ・ジョーンズ経済通信に、シーワールドは米ゴールドマン・サックス・グループと米 JP モルガン・チェースを引受主幹事に選定しており、間もなく計画を申請するとコメントした。シーワールドは調達資金の使途について、顧問契約を打ち切るためにブラックストーンに支払う一時金の他、債務の償還、一般的な事業資金に充てる方針とした。申請書によると、9 月 30 日時点のシーワールドの債務残高は 18 億 3000 万ドルだった。ブラックストーンは上場後も議決権のあるシーワールド普通株の過半数を保有し続ける。シーワールドの 2011 年通期決算は黒字に転換した。売上高は前年比 11%増の 13 億 3000 万ドル、利益は 1910 万ドルだった[173]。

シーワルド、IPO 市場で人気

2013 年 4 月、シーワールド・エンターテイメント株は IPO 市場で人気で、仮条件

[172] 2009/10/07 ダウ・ジョーンズ米国企業ニュース「DJ－［訂正］ブラックストーン、「サンディエゴ・シーワールド」買収へ」
[173] 2012/12/27 ウォール・ストリート・ジャーナル日本版「シーワールドが IPO 申請、最大 1 億ドル調達へ」

の上限でIPOを実施した後も株価は上昇していた。同社に出資するブラックストーン・グループが当初計画よりも多くの株式を売り出すと発表した後に、IPO価格は仮条件（24〜27ドル）の上限に設定された。こうした一連の流れは投資家の力強い需要を反映している。シーワールドはここ数年売り上げと利益を順調に伸ばしていた。年初来の株価上昇率ではシダーフェアやシックス・フラッグズを含む同業が市場平均を上回っている。調査会社ディールロジックによると、娯楽産業のIPOとしては2007年2月のナショナル・シネメディア（8億8200万ドル）以来最大だった[174]。

米シダーフェアへの買収提案拒否される

　2022年2月、米シーワールド・エンターテイメントは米シダーフェアに買収提案していたが、拒否された。新型コロナ感染拡大で大きな打撃を受けた娯楽事業を統合する計画が頓挫した。シーワールドは「残念ながら買収への道筋は見えない」と述べたが、これ以外の詳細には触れなかった。MLP（マスター・リミテッド・パートナーシップ）形態をとるシダーフェアは同月、自社とユニット保有者にとって最善の進路を決めるため、取締役会が買収提案を慎重に見極め検討すると述べていた[175]。

5. 動物愛護団体からの訴訟
動物愛護団体がシャチの労働を憲法違反として提訴

　2011年10月、国際動物愛護団体「動物の倫理的扱いを求める人々の会（PETA）」はカリフォルニア州サンディエゴとフロリダ州オーランドのシーワールドでアクロバットを披露しているシャチ5頭について、同パークでの「雇用」継続は<u>**奴隷**</u>制度と<u>**強制的苦役**</u>を禁じた米憲法修正第13条に違反するとの訴えをサンディエゴの連邦地裁に起こした。PETAは5頭をただちに解放するよう求めた。しかし2012年2月、米カリフォルニア州の連邦裁判所はPETAの訴えを却下した。同地裁のジェフリー・ミラー判事は1時間の審理の末、修正第13条は<u>人間だけに適用</u>されるとの判断を下し、PETAの訴えを退けた。判決を受け、PETA広報のデビッド・パール氏は「我々の闘争は人間の娯楽のために奴隷状態におかれた全ての動物が自由になる日まで続く」とコメントした。これに対し、シーワールド広報のデビッド・クーンツ氏は、裁判所がこれほど迅速に判断を下した事実が、「PETAが起こした事実無根の訴

[174] 2013/04/22 ダウ・ジョーンズ米国企業ニュース「DJ－シーワールド、上場初日の終値は13%高・公開価格は仮条件の上限」
[175] 2022/02/16 ダウ・ジョーンズ米国企業ニュース「DJ－米シーワールド、シダー・フェアへの買収提案拒否される」

訟が、いかにばかげているかを示している」とコメントした[176]。

調教師がシャチに襲われシャチのショー中止

　2015 年 11 月、サンディエゴのシーワールドで集客の目玉だったシャチのショーが 2016 年中に廃止されることが発表され、全米で大きなニュースとなった。地元紙サンディエゴ・ユニオン・トリビューン（SDUT）は 1 面トップでこの記事を掲載し、記者のコラムで「シーワールドの大発表は歴史的なものだ」と報道した。ワシントン・ポスト（電子版）は「象徴的なシャチのショーがまもなく見られなくなる」とし、この決定は施設に対する「世論の批判と高まる圧力の中で」下されたと伝えた。シーワールドは、調教師が飼育中のシャチに芸を仕込んで披露する劇場型のスタイルから、シャチの生態をより自然に近い形で観客に見せる形態へと展示方法を変える。この方針転換が注目の的となった背景には主に 2 つの理由がある。(1)同じ親会社がフロリダ州で運営するシーワールドで、調教師がシャチに襲われて死亡する事故が発生し、2 年前にこの事故とシャチの飼育の実態を描いたドキュメンタリー映画が製作され、国内外で高い評価を受けた。(2)動物保護団体が積極的に活動する米国で動物たちの「生きる権利」を擁護しようとする運動が高まりを見せている。この 2 つの要因で、シーワールドに対する批判の声が大きくなり、入場者数が極端に減少し、経営を圧迫した。ニューヨーク・タイムズ（電子版）は「批判のポイントは、人類がいかに動物を扱うかということにある」と指摘した。実際にシャチを曲芸師にすべきではないとする圧力は、全米の中でもカリフォルニア州で高まっていた。実際カリフォルニア州当局は同年 10 月、州内で捕獲されているシャチの繁殖を禁止することを決定した。同州の議員はさらに、対象の枠をクジラやイルカなど鯨類全体に広げ、繁殖や野生での捕獲に加え、個体の輸出入を全廃することを求める議案を提出する準備を進めていた。SDUT は「社会の見解は、動物の権利を認める方向へ粛々と向かっており、とらわれた動物の芸を鑑賞することからは遠ざかっている」と指摘した。シーワールドはサンディエゴの観光の柱であることから、「シーワールドが現実を受け入れるのが早ければ早いほど、サンディエゴを訪れる観光客の落ち込みは早期に止まる」と解説した。一方、社説で「ショー廃止は変革の開始点であるべき」とする見出しを掲げたロサンゼルス・タイムズ（電子版）は「ショーは海洋哺乳類に対する時代遅れの人間の態度がもたらした残滓である」と指摘した。シーワールドの決定を歓迎しながらも、なおもシャチを狭い水槽に閉じ込める

---

[176]　2012/02/10 AFPBB NEWS/AFP 通信「米連邦裁「シーワールドのシャチは奴隷ではない」、PETA の訴え却下」

施設の姿勢を批判した[177]。

シャチの繁殖とショーを中止し**教育展示に**

　2016 年 3 月、シーワールド・エンターテイメントはシャチの繁殖とショーを中止すると発表した。シャチの扱いについて激しい批判にさらされていた同社にとって大きな方向転換となる。シーワールドは調教師がショーの最中にシャチに襲われて死亡した事件を取り上げたドキュメンタリー映画『ブラックフィッシュ』（2013）が公開されて以来、来場者数や業績が低迷し、CEO が辞任に追い込まれた。同社はサンディエゴでの拡張工事計画を発表していたが、同州当局は新設備でのシャチの繁殖と移動を中止しなければ工事を認可しない方針を示していた。同社はこの認可条件をめぐりカリフォルニア州沿岸委員会を提訴している。「ブルー・ワールド」と呼ばれるこの拡張計画には、約 3 万 7800 立方メートルの容積を誇る水槽の建設が含まれていた。同社は 2015 年、3 億ドル（約 335 億円）の同プロジェクトによって、3 ヶ所のシーワールドでシャチの飼育エリアが大幅に拡大すると発表した。同社はショーに代わり、野生のシャチが直面する危機についての教育に重点を置く展示を行うと発表した。2017 年にサンディエゴから開始し、2019 年にサンアントニオ、オーランドでも新たな展示を始める。また、同社が行っている海洋動物の救助活動にも焦点を当てる。近年では年間約 1000 万ドルを**救助活動**に費やしているが、周知努力を怠っていたと述べた。イルカなど他のショーについては継続するが、消費者の嗜好が変化すれば見直す可能性もある。シーワールドのジョエル・マンビーCEO はアナリストとの電話会議で「これまでで最も難しい経営判断だった」「今後は一層、事業拡大に注力し、前向きでエネルギッシュで感銘を与える計画に再び集中できる」と述べた。同社の調査によると、消費者は同社の決定に前向きな反応を示しており、今後は来場数と収入が増加する見通しとなった。これまでシーワールドを強く批判してきた米国動物愛護協会はこの決定を支持し、調査や教育で連携する方針を明らかにした。また、別の動物愛護団体「動物の倫理的扱いを求める人々の会（PETA）」もシーワールドの決定を支持したが、シャチを海に設置した囲いに移動し、野生に戻せるものについては海に帰すよう求めた[178]。

---

[177] 2015/11/17 産経新聞　東京朝刊 6 頁「【日々是世界　国際情勢分析】シャチのショーはなぜ廃止が決まったのか」
[178] 2016/03/18 ウォール・ストリート・ジャーナル日本版「米シーワールド、シャチの繁殖とショーを中止へ」

6. 新型コロナウィルス流行で大打撃

新型コロナウィルス流行で入場者数95%減少、大幅赤字

　米シーワールド・エンターテイメントの2020年4-6月期（第2四半期）決算は市場予想より弱い内容となった。新型コロナウィルスの流行による来場者数の急減が響いた。純損益は1億3100万ドルの赤字（前年同期は5270万ドルの黒字）、売上高は1800万ドル（同4億600万ドル）となった。テーマパーク来場者数は約30万人で、前年同期の650万人から95.8%減少した。運営する12ヶ所の施設のうち、現在までに9ヶ所が制限付きで営業を再開した。残る施設のうち2ヶ所については、2020年内の再開は見込んでいない[179]。

売上高78%減少

　シーワールドの2020年7-9月期（第3四半期）決算は、純損益7920万ドルの赤字となった。前年同期は9800万ドルの黒字だった。売上高は78%減の1億0610万ドル、テーマパーク来場者数は160万人で前年同期から80%減少した。同社は7-9月期にテーマパーク3ヶ所の営業を再開し、9月末時点で12ヶ所中10ヶ所が営業していた[180]。

4550万ドルの純損失

　同社の2020年10-12月期（第4四半期）決算は5四半期連続の赤字となった。ただ、売上高、来場者数、来場者の支出がいずれも市場予想を上回り、損益は6四半期ぶりに予想を上回った。純損益は4550万ドルの赤字となり、前年同期（2420万ドルの赤字）から悪化した。売上高は1億5410万ドルで48.3%減少した。テーマパーク来場者数は52.8%減の220万人、入場者1人当たりの売上高は9.4%増の69.4ドルだった[181]。

営業再開して利益2倍

　同社の2021年4-6月期（第2四半期）決算は、利益が2倍以上に拡大した。市場は減益を見込んでいたが、テーマパーク来場者数が予想を大きく上回った。純利益は

---

[179] 2020/08/10 ダウ・ジョーンズ米国企業ニュース「DJ－米シーワールド、4－6月期は予想以上の大幅赤字　来場者急減で」
[180] 2020/11/05 ダウ・ジョーンズ米国企業ニュース「DJ－米シーワールド、7－9月期は赤字転落　来場者の落ち込み続く」
[181] 2021/02/25 ダウ・ジョーンズ米国企業ニュース「DJ－【MW】米シーワールド、5四半期連続の赤字　予想よりは改善」

1億2780万ドルとなり、前年同期5270万ドルから増加した。売上高は前年同期4億600万ドルから8.3%増加して4億3980万ドルとなった。テーマパーク来場者数は550万人増の580万人となった。すべてのパークで営業を再開したものの、新型コロナ対策の入場制限が続いた。1人当たりの入場料は16.5%増の41.87ドル、パーク内の1人当たりの支出は11.6%増の33.84ドルだった[182]。

シックス・フラッグスから移籍してきたCOO、40日で退任

2021年8月、同社はトム・アイブンCOOが一身上の都合により退任すると発表した。アイブン氏は6月下旬に米テーマパーク運営会社シックス・フラッグス・エンターテイメント（第7章）から移籍してきた。前任のウォルター・ボグミル氏は入社後約3年で解任された[183]。

売上高5倍に増加し黒字転換

同社の2021年7-9月期（第3四半期）決算は黒字に転換した。ただ、新型コロナ関連の入場制限は解除したものの、渡航制限の影響で団体客が限定的となり、利益と売上高は共に市場予想に届かなかった。純損益は1億210万ドルの黒字、前年同期7920万ドルの赤字だった。売上高は1億610万ドルから5億2120万ドルに5倍近く増加した。テーマパーク来場者数は720万人で、新型コロナ流行前の2019年7-9月期の810万人には届かなかった。来園者1人当たりの収入は72.13ドルで、2019年と比べて23.7%増加した[184]。

新型コロナ流行前より売上高増加

同社の2021年10-12月期（第4四半期）決算は黒字転換となった。売上高は2倍余りに増え、来場者1人当たりの収入は新型コロナ流行前の水準を上回った。純損益は7150万ドルの黒字（前年同期は4550万ドルの赤字）、売上高は140.7%増の3億7080万ドルとなった。来場者数は500万人と、新型コロナ流行前の2019年10-12月期に比べて5.4%増加、来場者1人当たりの収入は18.1%増の74.87ドルとな

---

[182] 2021/08/05 ダウ・ジョーンズ米国企業ニュース「DJ－【MW】米シーワールド、4－6月期は利益が2倍超　株価急伸」
[183] 2021/08/12 ダウ・ジョーンズ米国企業ニュース「DJ－海洋テーマパークの米シーワールド、COOが退任　在任わずか40日」
[184] 2021/11/09 ダウ・ジョーンズ米国企業ニュース「DJ－【MW】米シーワールド、7－9月期は黒字転換　予想には届かず」

った[185]。

売上高 57%増加

同社の 2022 年 1-3 月期（第 1 四半期）決算は赤字が縮小した。来場者数は新型コロナ流行前の水準を超えた。純損益は 900 万ドルの赤字（前年同期は 4490 万ドルの赤字）、売上高は 57.5%増と大幅に伸び、2 億 7070 万ドルに達した。来場者数は 340 万人で、前年同期比 53.7%増、2019 年同期比では 1.9%増だった。来場者 1 人当たりの収入は 2.5%増加して過去最高の 79.54 ドルとなった[186]。

次期 CFO にラスベガスのカジノホテルの元 CFO

2022 年 6 月、同社はラスベガスの高級カジノホテル「コスモポリタン」の元 CFO、ミシェル・アダムス氏を次期 CFO に起用すると発表した。先の MGM リゾーツ・インターナショナルへのコスモポリタン売却で主要な役割を担ったのがアダムス氏だった。前任のエリザベス・カストロ・グラクシー氏は、12 月 31 日または後任が指名され次第 CFO を退任する意向を示していた[187]。

悪天候の影響で入場者数伸びず

同社の 2022 年 7-9 月期（第 3 四半期）決算は、利益と売上高が市場予想に届かなかった。悪天候などの影響でテーマパーク来場者数が予想を下回った。純利益は 1 億 3460 万ドルと、前年同期 1 億 210 万ドルから増加した。売上高 8.4%増の 5 億 6520 万ドルだった。テーマパーク来場者数は前年同期比 1.5%増の 730 万人だった。来場者 1 人当たりの売上高は 6.8%増の 77.05 ドルと過去最高を記録した[188]。

米シーワールドが幹部交代

2023 年 1 月、同社は新設した最高トランスフォーメーション責任者（CTO）にシェル・アダムス CFO を任命した。組織のプロセス合理化や事業開発・成長の指揮を委ねる。また 2019 年に入社したジム・フォレスター氏を暫定 CFO 兼トレジャラー

---

[185] 2022/02/24 ダウ・ジョーンズ米国企業ニュース「DJ－【MW】米シーワールドの 10－12 月期、利益が予想上回る」
[186] 2022/05/05 ダウ・ジョーンズ米国企業ニュース「DJ－【MW】米シーワールド、1－3 月期は赤字縮小　売上高は予想上回る」
[187] 2022/06/17 ダウ・ジョーンズ米国企業ニュース「DJ－米シーワールド、次期 CFO を指名」
[188] 2022/11/09 ダウ・ジョーンズ米国企業ニュース「DJ－【MW】米シーワールド、7－9 月期利益・売上高が予想に届かず」

（財務担当責任者）に任命した。同氏は直近ではフロリダ州オーランドにあるパークの財務担当バイスプレジデントを務めていた。ディズニーやハーシー・エンターテイメント・アンド・リゾーツでもパークの財務を担当した経歴を持つ[189]。

7. 考察

　本章では、シーワールドのテーマパーク事業の経緯と動物愛護問題を考察し、次の点を明らかにした。

　第1に、1989年に米ビール業最大手アンハイザー・ブッシュがテーマパーク事業を大幅に拡大する方針で、シーワールド4ヶ所を米HBJから11億ドルで買収した。シーワールドはMCAなど数社が獲得競争していた。この頃、TDLの成功がアメリカで報道されていたので、テーマパーク事業の収益性に気づいたからではないか。

　第2に、1995年にシーワールドが大阪府堺市の臨海部にある新日本製鉄堺製鉄所の未利用地に進出を打診していた。アンハイザー・ブッシュ社が伊藤忠商事を通して新日鉄に進出を打診した。ここで大手商社を通して打診したことが発覚した。バブル期に三菱商事は成田ジャパンビレッジ（千葉県成田市）を計画していたが、中止した。シーワールドにとっては、日本に進出してTDLのように成功する計画だったと推測できる。

　第3に、2012年に国際動物愛護団体が水族館のシャチが芸をさせられるのは米国憲法違反と訴えていた裁判で、米カリフォルニア州の連邦裁判所はこの訴えを却下した。同団体はシャチのショーは同パークでの「雇用」で、奴隷制度と強制的苦役を禁じた米憲法修正第13条違反に違反すると訴えた。しかし修正第13条は人間だけに適用されるという判断が下った。いくら訴訟大国アメリカでも、このような屁理屈では敗訴するだろう。

　第4に、2016年にシーワールドで集客の核だったシャチのショーが廃止された。シーワールドは、調教師が飼育中のシャチに芸を仕込んで披露する劇場型のスタイルから、シャチの生態をより自然に近い形で観客に見せる形態へと展示方法を変える。動物保護団体が積極的に活動する米国で動物たちの「生きる権利」を擁護する。シャチを狭い水槽に閉じ込める方針が批判され、入場者数が極端に減少した。日本では起こっていないことがアメリカで起きている。テーマパークは派手で目立つので批判の対象になりやすい。特にディズニーの不振は報道されやすい。ディズニーでは、フロリダ州のディズニーワールド内のアニマル・キングダムに大規模なサファリ

---

[189] 2023/01/27 ダウ・ジョーンズ米国企業ニュース「DJ－米シーワールドが幹部交代、組織合理化責任者を新設」

ツアーがある。アフリカをテーマにしているのでシャチやイルカのショーはないものの、アメリカで特別目立つディズニーが次に動物愛護団体の批判にさらされ、何か中止に追い込まれるかも知れない。

第5に、2016年にシーワールドはシャチの繁殖とショーを中止した。シャチの扱いについて激しい批判にさらされていた。ショーに代わり、野生のシャチが直面する危機についての教育に重点を置く展示を行う。同社が行っている海洋動物の救助活動にも焦点を当てる。近年では年間約1000万ドルを救助活動に費やしているが、周知努力を怠っていた。シーワールドを強く批判してきた米国動物愛護協会はこの決定を支持し、調査や教育で連携する。ただし、教育色を強くするとエンターテイメント性が下がり、面白くなくなる。学校の理科の授業とあまり変わらなくなると、休日にお金を払ってまで来なくなるので、エンターテイメント性を維持したまま教育色を出して批判を収めるという難しい事業となる。

本章の貢献は、これまでテーマパーク研究で無かった動物愛護の視点を取り入れたことである。テーマパークで働く動物の保護、愛護という視点が重要である。また動物の飼育員や調教師が、動物に襲われ死亡する事故があってはならない。個別の従業員が気をつけるだけでは不十分なので、経営者が安全な仕組みを構築することが重要である。

8. まとめ

シーワールドはアラスカで1989年に起きたタンカー原油流出事故で救出されたカワウソ10頭の保護・飼育するという社会貢献活動をした。このように人間の過失で危機的な状況に陥った動物を保護し、飼育しているにも関わらず、その点をあまり公表しなかったために知られていなかった。その控えめな姿勢が日本では好感を持たれるだろう。

シーワールドが動物愛護団体からシャチのショーは奴隷労働として訴えられたこと、飼育員がシャチに襲われて死亡した事件が報道されて客が激減したことは、今後世界のどの動物園、水族館、サファリパークでも起こりうることである。世界の動物園・水族館業界への警報となった。どこの動物園も飼育員の安全性を確保してほしい。日本動物園水族館協会[190]によると、動物園の役割は、(1)種の保存、(2)教育・環境教育、(3)調査・研究、(4)レクレーションである。動物園は生きた動物を扱うので、アトラクションが機械のテーマパークと違って責任重大である。

---

[190] 日本動物園水族館協会「(公社)日本動物園水族館協会の4つの役割」2023年4月26日アクセス https://www.jaza.jp/about-jaza/four-objectives

番外編　マイケル・ジャクソンのテーマパーク狂騒曲

1. はじめに

　アメリカの人気歌手マイケル・ジャクソン（Michael Joseph Jackson：1958〜2009年、以降マイケル）は、エルビス・プレスリー（以降エルビス）の娘と結婚し、エルビスの豪邸がミュージアムとして公開され成功していることに気づき、それに憧れた。その上、マイケルは大のディズニーランド好き、テーマパーク好きである。自宅の庭にディズニーランドを参考にテーマパーク「ネバーランド・ランチ（Neverland Ranch）」こと通称「ネバーランド」をつくった。ランチ(Ranch)とは牧場という意味である。牧場も可能なほど広い土地をカリフォルニア州ロサンゼルス郊外のサンタバーバラに 1988 年に購入した。その敷地は約 1052ha、東京ドーム約 220 個分で、登記上の価値は約 1350 万ドル、維持費だけで年間 200 万ドルかかる。このネバーランドに大豪邸、テーマパーク、動物園などがある。エルビスの豪邸ミュージアムのように成功すれば、安定した収入源となっただろう。マイケルは借金で長く苦しんだ。ネバーランドを舞台に起こった様々な騒動とテーマパーク事業への投資騒動をまとめて「テーマパーク狂騒曲」と筆者は定義する。

　本章では、マイケル・ジャクソンの豪邸ネバーランドの維持と売却、他のテーマパークへの投資と企画という点から考察する。第 1 にマイケルの人物史、第 2 にマイケルにちなんだテーマパーク関連の出来事、第 3 に死後の急激な CD 等販売と借金完済、上海版ネバーランド計画、を考察する。

マイケル・ジャクソンの経歴と主な出来事

　マイケル[191]は 1958 年に米インディアナ州の貧しい家に生まれ、1962 年に兄たちと 5 人兄弟で「ジャクソン・ファイブ」というグループで歌手デビューし、売れてからソロ活動を開始し、伝説的に売れた。巨万の富を得たものの、浪費と奇行が目立つようになり、スキャンダルと借金と訴訟にまみれた人生となった。不眠症に悩み、2009 年に手術用麻酔薬の過剰摂取で亡くなったとされている（享年 50 歳）。

　1958 年 8 月 29 日、マイケルは米インディアナ州ゲイリーで誕生、1962 年に兄たちと結成した「ジャクソン・ファイブ」で歌手デビューした。1969 年、ジャクソン・ファイブがモータウン・レコード傘下のタムラと契約し、マイケルの声が話題となり

---

[191]　2009/06/26 AFPBB NEWS/AFP 通信「マイケル・ジャクソンさん、栄光と転落の軌跡」

一躍人気グループになり、「ABC」「I'll Be There」などのシングル曲が次々に大ヒットした。1970年、ジャクソン・ファイブと平行して、ソロ活動を開始した。1979年、初のソロアルバム『オフ・ザ・ウォール』を発売した。クインシー・ジョーンズがプロデュースし、1100万枚の売上を記録した。1982年、アルバム『スリラー』を発売した。「Billie Jean」「Beat It」など7つのヒット曲を含むアルバムで、全世界で約5000万枚売り上げた。1984年、ペプシのコマーシャルフィルムの撮影中、事故で大火傷を負った。1985年、ジョン・レノン、ポール・マッカートニーの曲の版権を管理する音楽出版社ATVを約4750万ドル（約45億円）で購入した。1985年、アフリカ飢饉救済を目的にしたチャリティー曲「We Are the World」を制作した。1987年、アルバム『バッド』発売して2600万枚売り上げた。このアルバムを最後にクインシー・ジョーンズとのタッグを解消した。1987年、自伝『ムーンウォーク』を出版した。1992年、アルバム『デンジャラス』を発売し、2200万枚売り上げた。1993年、13歳の少年がマイケルから性的虐待を受けたとその父親が訴え、示談で決着した。1994年5月、エルビスの娘リサ・マリー・プレスリーと結婚し、1996年2月に離婚した。1996年11月、看護師デビー・ロー（37歳）と結婚し、2人の子供が生まれ、プリンス・マイケル、パリス・キャサリンと名付けられた。1999年10月に離婚した。2002年、別の女性との間に生まれた3人目の実子プリンス・マイケル（生後9ヶ月）をベルリン市内のホテルの窓からぶら下げて、非難を浴びた。2003年、競売大手サザビーズが、マイケルが落札した絵画2枚の代金約170万ドル（約1.6億円）を支払っていないと提訴した。2003年11月、アルバム『ナンバー・ワンズ』を発売した。警察がネバーランドを家宅捜査し、少年への性的虐待容疑で逮捕され、間もなく保釈された。12月、性的虐待の罪で正式に起訴され、2004年1月に法廷に初出頭し、無罪を主張し、2005年に無罪判決が出た。2009年、ロンドンで「最後」の復活コンサートを行うと発表するも、延期された。延期の理由はマイケルの健康問題ではないとコンサート主催者が主張した。2009年6月25日、ロサンゼルスで死去した。

2. マイケル・ジャクソンのテーマパーク関連の出来事
アルワリード王子と娯楽事業の合弁企業設立

　1996年3月、マイケルとサウジアラビアのアルワリード王子（「アラビアのウォーレン・バフェット」と呼ばれる有名投資家）が幅広い分野で娯楽事業を進めるための合弁会社「キングダム・エンターテイメント」を設立すると発表した。パリで計画を発表した2人によると、「マルチメディア革命に対応し、テーマパークやホテル、

映画製作、アニメ、音楽、出版、歌手の公演ツアー、キャラクター商品販売などの事業を予定している」という。新会社の資金規模や具体的な事業計画を明らかにしなかったため、集まった報道陣から質問が続出した。しかし、主役の 2 人は記者会見に応じず退場してしまい、代理人が「プロジェクトはおいおい発表するが、事業には必要なだけの資金を投入する」などと答えたにとどまった。アルワリード王子は経営難にあったパリ郊外のユーロディズニーに 4.5 億ドルに上る資金を提供し、「星の王子様」と話題になった有名な投資家である[192]。

アルワリード王子の投資戦略は何らかの理由で株価が下がった実力者

　同王子は 2005 年に日本経済新聞の取材で次のように述べた。投資の基本戦略について、「私はブランド力、マネジメント、将来性の高い企業を選んできた。株の保有は長期を前提にする。私はトレーダーではなく長期投資家」「投資先の条件はまず株価が低いこと。いくら優良企業でも取得価格が高ければ十分な利益を得られない。単に安いだけでなく、何らかの理由で株価が下がったものの、マネジメントが確かで活力があり、競争に勝ち抜ける企業が対象」と述べた[193]。

　同王子の発言内容から推測する。マイケルは 1993 年、35 歳の時に 13 歳の少年への性的虐待疑惑で訴えられ、大スキャンダルとなり、歌や CM など仕事が激減したとされる。マイケルの株価は下がったものの、ブランド力、マネジメント力が確かで競争に勝ち抜ける、と同王子は思ったのではないか。それ以前のマイケルは実力が高く、値段はもっと高く、タッグを組める値段ではなかったのだろう。しかし同王子とのその計画は実行されなかったようである。

ネバーランドを 34 億円で売り出し

　1997 年 9 月、マイケル（38 歳）がネバーランドを 1700 万ポンド（約 34 億円）で売りに出した。この頃、マイケルはフランスに在住していた。ネバーランドで少年に性的虐待した疑惑をかけられ、仕事が減り、縁起の悪い自宅に寄りつかなくなったとの憶測が出ていた[194]。

---

[192] 1996/03/21 日本経済新聞　夕刊 5 頁「M・ジャクソンとサウジ王子、共同で娯楽事業。」
[193] 2005/12/22 日本経済新聞　朝刊 9 頁「サウジの投資家、アルワリード王子に聞く──「株安く競争力」選択基準。」
[194] 1997/09/21 日刊スポーツ 27 頁「マイケル・ジャクソン　遊園地、動物園付きの大豪邸を 34 億円で売りに出す」

韓国に 100 億円投資してネバーランド・アジア計画

　1998 年 2 月、マイケルは経営再建下にある韓国のリゾート開発会社に 1 億ドル（約 100 億円）を投資して子供向けのテーマパークを建設すると発表した。その会社は 1997 年 10 月に和議申請を出した中堅財閥グループの「SBW 開発」で、韓国のリゾート地、南部の茂朱（ムジュ）リゾートを運営している。金大中・新大統領（当時）の就任式に出席したマイケルと同社が協議を重ね、経営再建に協力し、テーマパーク計画を進めることで合意した。構想では、リゾート内の 16 万〜33 万平米に、ハイテクゲームの施設などを備えた「ネバーランド・アジア」をつくる。マイケルがテーマパークの企画、設計、建設を受け持ち、同社を支援する 1 億ドルとは別に、新たな投資を予定していた。マイケルは同大統領就任式の前後に、大手建設会社が計画するテーマパークや物流団地を視察し、財閥 2 位の三星グループの李健熙会長とも極秘で会談するなど、外国人投資家として精力的に活動していた[195]。

ポーランドと横浜に新テーマパークを 200 億円で計画

　1998 年 4 月、マイケル（39 歳）が日本国内に子供向けテーマパークの建設を計画していることが明らかになった。有力な候補地は横浜市が再開発を進めている新山下地区で、総事業費 200 億円に上る見込みだった。マイケルは同年 5 月に来日し、自ら計画を発表する。計画が順調に進めば 1998 年内に着工し、2001 年頃に完成する。テーマパークの仮称は「ワンダーワールド」で、子供好きのマイケルが子供のために夢の国をつくる。関係者によると、約 9.9ha（東京ドーム 2 個分）の敷地に世界中のおもちゃやキャラクターグッズを集めて展示、販売し、ジェットコースターなどのアトラクションを設置する。子供が転んでも濡れないように氷を使わない特殊加工の室内スケートリンクも設置する。計画は 1997 年夏にマイケルが企画を持ち込み、極秘に関係者との打ち合わせが進められてきた。マイケルは 5 月中の来日を希望しており、自ら企画した内容を発表する予定だった。同時に東京・神田錦町の企画会社「アモン株式会社」（水野利夫社長）と協力し、建設準備会社「マイケル・ジャクソン・ジャパン」を設立する。建設費は日本企業からも募るが、総事業費 200 億円規模で、費用の半分はマイケルが投資する。数ある候補地の中で最も有力なのが、横浜市が 1995 年から再開発している新山下地区だった。計 34ha の開発対象区域にはホテル、マーケットなどが建設される予定である。関係者によると、子供の頃から歌手として走り続けたマイケルも、同年 8 月に 40 歳になることから、事業に力を入

---

[195] 1998/02/28 朝日新聞　朝刊 3 頁「マイケル・ジャクソンさん　韓国に 1 億ドル投資、テーマパーク建設」

れたい。日本だけでなく、米国、韓国、ポーランドでも進めているテーマパーク建設計画については、「ロック・オブ・ザ・キング」（ロックの帝王）と呼ばれる故エルビスが米メンフィスに「プレスリー・ミュージアム」を成功させていることへのライバル心もきっかけになったらしい。関係者は「マイケルは常日頃から自分はポップ・オブ・ザ・キング。プレスリーに負けないものを世界中に残すことが使命と話している」と言う。マイケルにとって、日本は1987年に初めて訪れて以来、お気に入りの国である。マイケルは時間を見つけて後楽園ゆうえんち（現・東京ドームシティアトラクションズ）や東京ディズニーランドを貸し切りにしたこともある。周囲に「大好きな日本で絶対に夢を実現したい」と話していた。マイケルのテーマパーク計画は世界規模で進行していた。ネバーランドのプライベート用のテーマパークや動物園を持っていて、近く一般開放用のテーマパークを建設する予定だった。韓国・茂朱やポーランド・ワルシャワにも建設する予定で、既に現地調査を済ませていた。ただ、マイケルが約1億ドル（約135億円）の投資を予定している茂朱での計画は、深刻な韓国内の経済危機から頓挫する可能性もあった[196]。

マイケル・ジャクソン・ジャパン設立、100億円出資

　1998年7月、マイケル（39歳）が横浜市に建設する子供向けテーマパークの発表のため来日し、東京都内のホテルで記者会見を行った。日本の企業と提携して建設準備会社「マイケル・ジャクソン・ジャパン」を設立した。総事業費は約200億円で、マイケルが半分出資する。当初同年5月に来日し発表する予定だったが、マイケルのスケジュールの都合で来日が延びた。着工時期、完成時期や細かい内容は明らかになっていない。マイケル・ジャクソン・ジャパンは「具体的なことは会見でマイケル自身が説明する」と発表した[197]。

ネバーランドで少年に性的虐待し逮捕

　2003年11月、マイケル・ジャクソン容疑者（45歳）は14歳未満の少年に性的虐待を行った容疑で逮捕された。その事件の舞台となったのは豪邸ネバーランドである。マイケル容疑者が愛するお伽噺「ピーターパン」にちなんでそう名付けられた。マイケル容疑者は少年たちに囲まれてネバーランドで生活していた。内部に入るの

---

[196] 1998/04/06 日刊スポーツ 31頁「マイケル・ジャクソン　横浜にテーマパーク　年内着工、2001年完成へ」
[197] 1998/07/23 日刊スポーツ 28頁「マイケル・ジャクソン　横浜にテーマパークの建設を計画　27日に来日説明会」

を許されていたのは一部の関係者だけだった。1991 年に女優エリザベス・テイラーの結婚式が行われた他、子供のためのチャリティーパーティが一度開かれただけだった。ネバーランドでの生活は謎に包まれていた。マイケル容疑者の逮捕を指揮したサンタバーバラ郡の検事は、1993 年に虐待疑惑が発覚した際に捜査したものの、立件できなかった経験を持つ。1993 年に発覚した疑惑は、マイケル容疑者が 13 歳の少年にみだらな行為をしたというもので、同郡のトム・スネッドン検事はロサンゼルス郡の検事とともに捜査に乗り出した。しかしマイケル容疑者が巨額の解決金を支払って和解が成立した。少年が証言を拒否したため、検事は刑事責任追及を断念した[198]。

　マイケル容疑者は刑務所に連行後、300 万ドル（約 3 億円）の保釈金を払い保釈された。2004 年 1 月 16 日の罪状認否に遅刻し、裁判官に叱責された。閉廷後も裁判所前で車の上に乗ってダンスするパフォーマンスを展開し、裁判所を激怒させた。同月 13 日の予備審問で、有罪である十分な証拠があると判断された場合、正式に起訴され、公判日程が決まる。

ネバーランドからビバリーヒルズの 22 億円の豪邸に引っ越し

　2004 年 1 月、マイケルは保釈中にネバーランドからロサンゼルス郡ビバリーヒルズの超高級住宅に転居していたことが分かった。米メディアによると、新居はスターらの大邸宅が並ぶビバリーヒルズの中でも特に豪邸が並ぶ一角で、時価約 2000 万ドル（約 22 億円）、約 9100 平米の敷地に約 3400 平米の住宅のほか、プールや個人劇場、テニスコートがある。所有者はアジア系の実業家グループで、マイケルは 2004 年 12 月初めに 3 人の子供と転居した。マイケルは 2003 年末に放送されたテレビインタビューで、逮捕の 2 日前に捜査当局が捜索したネバーランドについて、「プライバシーを汚され、家はあっても安らげるホームではなくなった。二度と元には戻らず、住むことはない」と話した[199]。

　その後、この豪邸を家賃 1 ヶ月 7 万ドル（約 770 万円）以上で賃貸契約を結んだことが明らかになった[200]。

---

[198] 2003/11/21 東京読売新聞　夕刊 23 頁「マイケル邸「ネバーランド」、"夢の国"深い闇　少年に囲まれ…暮らしは謎」
[199] 2004/01/09 産経新聞　大阪夕刊 13 頁「M・ジャクソン被告　ネバーランド引っ越し「捜査でけがされた」」
[200] 2004/01/12 日刊スポーツ 0 頁「マイケルジャクソン、家賃 770 万円の豪邸に引っ越し」

破産の危機、銀行融資の返済期日迫る

　2004年2月、マイケル（45歳）が破産の危機にあることが分かった。銀行に対する7000万ドル（約74億円）のローン返済期日が5日後に迫っていたが、資金がなく、金策を続けていた。破産すれば、少年への性的虐待などの罪に問われている裁判に影響が大きい。大物弁護士を擁する弁護団の高額報酬が維持できない。ネバーランドは売却の危機に立たされていた。米紙ニューヨーク・タイムズがマイケルの財務顧問の話として伝えたところによると、マイケルは所有する約540億円といわれるビートルズの楽曲の版権などを担保にバンク・オブ・アメリカから多額の借金をしていた。以前からその返済が滞っており、同銀行から同月17日までに7000万ドルの支払いを求められていた。しかし12日に返済のめどは立っておらず、破産を避けるために関係者が金策に走っていた。ビートルズの版権やネバーランドなど巨額の資産を持つので、これらの資産を担保に同銀行や複数の金融機関から現金を借りて捻出した。マイケルの少年への性的虐待のイメージで他の金融機関が貸し付けを渋り、2つの投資会社もマイケルとの事業計画から撤退した。マイケルがイスラム教団体「ネーション・オブ・イスラム」にのめり込み、多額の資金を費やしていることもスポンサー離れを招いた。CDやコンサートなど本業の収益力も落ち目で、財政状況が悪化していた。この財務顧問は「マイケルにこれらの厳しい現実に直面してほしい」と、危機の公開に踏み切ったという。またマイケルの音楽マネジャー、コッペルマン氏は「莫大な財産を持つ人々と同じように、マイケルにも多額の借金がある」と、銀行と定期的にローン交渉している事実を認めた。破産危機については「財産の額は借金をはるかに上回っている」「マイケルは巨額の金を生み出す能力がある」と述べた。バンク・オブ・アメリカはコメントしなかった。借金の原因は、主にマイケルの浪費癖とされた。関係者によると、苦しい経済状態にもかかわらず、マイケルは毎月200万ドル（約2.1億円）以上の生活費を必要としていた。1ヶ月あたりスタッフへの給料約4000万円、リムジンのレンタル代約2030万円、おもちゃ代約3000万円などを使い続けていた。

　破産となれば、少年虐待裁判に大きな影響が出る。1回の弁護料が500万円を超えるといわれる敏腕弁護士マーク・ゲラコス氏をはじめとする大物弁護士を擁する弁護団の維持に多額の費用がかかる。裁判は長期化が予想され、弁護料が払えなければ、大物弁護士たちも離れていく。マイケルは13日にサンタバーバラ郡裁判所で予定されていた公判前の予備審問を欠席する。出席する権利を放棄する署名をしたとされる。

　米国の破産法に詳しい弁護士によると、アメリカの破産の方法には、(1)チャプタ

ーセブン（破産手続き）、(2)チャプターイレブン（再建手続き）の 2 種類がある。「チャプターセブン」で破産申し立てすると、よほどのことがない限り免責が認められる。ただし資産は差し押さえられ、すべてを失う。「チャプターイレブン」は申し立て後、裁判所が免責許可の条件をクリアしているか調査し、認定されれば再建手続きに入る。この場合、資産を差し押さえられることはなく、債務者の資産調査、評価へと続く。その後、残された資産をもとに弁済計画が立てられ、債権者から同意が得られた時点で返済が始まる。マイケルの場合、歌手活動を続けることを考慮し「チャプターイレブン」で申し立てする可能性が高い。ただし、ネバーランドをはじめ、音楽版権など巨額の資産を有するマイケルの場合、資産調査に 2〜3 年、評価に 1〜2 年、弁済計画を含めすべての手続き完了までに 5〜6 年はかかる[201]。

表 1：アメリカの破産方法比較

	破産方法	英語表記	内容	借金の免責	財産差し押さえ
1	チャプターセブン	Chapter 7	破産手続き	される	される
2	チャプターイレブン	Chapter 11	再建手続き	されない	されない

筆者作成

＊免責とは借金を返す責任が免除されること。「免責される」とは借金を返さなくていいこと、「免責されない」とは借金を返す義務があること。

カリフォルニア州の禁固刑では有罪なら数十年服役

　2005 年 1 月、マイケル被告（46 歳）の初公判が始まった。訴訟のためにマイケルの芸能活動はストップしていた。訴訟費用や生活費はビートルズの版権で賄っていた。マイケルは 1985 年にビートルズの楽曲約 250 曲分の版権を約 4750 万ドル（約 50 億円）で買った。業界関係者によると、彼はこれを担保に銀行から巨額の融資を受けて、散財を繰り返していた。裁判は長期化の様相を見せていた。同月 7 日に再開するはずだった陪審員を選ぶ作業も、マイケルの代理人の家族が亡くなったため、早速一週間延期され 14 日となった。マイケルは子供に対する性的虐待 4 件を含む計 10 件の罪に問われていた。カリフォルニア州法では 14 歳未満の子供に対する性的虐待は一件あたり 3〜8 年の禁固刑になる。有罪になれば、仮に 3 年で 4 件としても

---

[201] 2004/02/14 日刊スポーツ 0 頁「米歌手マイケル・ジャクソン　破産の危機、17 日期日に 74 億円ローン」

12 年、これに残り 6 件分が加わる。そうすると数十年の服役になる[202]。この後、マイケルは無罪を勝ち取った。

中東のバーレーンの王宮で生活、バーレーン移住計画

2005 年 10 月、マイケル（46 歳）が中東のバーレーンに移住する計画を進めていることが分かった。マイケルはカリフォルニア州サンタマリア地方裁判所から、ある裁判の陪審員として召喚されたが、拒否した。マイケルの弁護士はネバーランドを売却し、バーレーンに移住するため、陪審員を務めることができないと説明した。弁護士は「バーレーンには困難な時期にマイケルを支えてくれた親しい友人がいる」という。兄弟の 1 人が同国の王子と親しいこともあり、既に同国の宮殿で生活していた[203]。

ネバーランドの従業員 47 人に給料未払いで閉鎖命令と罰金

2006 年 3 月、カリフォルニア州の労働当局はマイケル（47 歳）に対し、ネバーランドの従業員への給与未払いと、適正な保険に加入させていないという理由で、ネバーランドの事実上の閉鎖と約 17 万ドル（約 2000 万円）の罰金支払いを命じた。ネバーランドの管理にあたる従業員 47 人は、2005 年 12 月から賃金を受け取っていないと申し立てている。当局は、給与支払いや保険の更新が行われるまで、邸宅で従業員を勤務させないよう命じた。この頃、マイケルは中東のバーレーンに滞在していた。当局は、敷地内にいる動物の世話を地元の動物管理局に依頼していた[204]。

ネバーランドで火災

2006 年 8 月、ネバーランドの敷地内で火災が発生した。消防当局によると火事による負傷者は発生しなかった。サンタバーバラ郡消防当局の広報担当者は「入口から 800 メートル以内の場所で火の手が上がり、全敷地約 2500ha のうち、16ha に広がった」と言う。この火災による負傷者はなく、飼育されている動物にも影響はなかった。鎮火のために約 100 人の消防士が動員された。マイケルはこの頃バーレーンに滞在していた。マイケルは歌手としての再起をかけてヨーロッパへ拠点を移し、新作

---

[202] 2005/02/08 産経新聞　大阪夕刊 13 頁「性的虐待で起訴　スターからの転落　なぜ?マイケル…」
[203] 2005/10/22 日刊スポーツ 0 頁「米歌手のマイケル・ジャクソンが中東移住を計画」
[204] 2006/03/11 東京読売新聞　夕刊 2 頁「マイケル豪邸「ネバーランド」、閉鎖命令　労働当局が従業員給与未払いで」

アルバムを製作する計画を発表していた[205]。

サッカーのベッカム選手にネバーランド購入を打診

　2007年1月、スペインのレアル・マドリードのデビッド・ベッカム選手（当時31歳）のロサンゼルス・ギャラクシー移籍が決まった。そして米国で新居を探しているベッカムの妻ビクトリアに、マイケルがネバーランド売却を打診した、と英紙サンが報じた。マイケルの関係者の言い値は1000万ポンド（約24.1億円）だった。夫人は一度断ったものの、関心を持っていた。ロサンゼルスで有名セレブへの挨拶を続けるビクトリアは、思わぬ大物からの打診に驚いた。買うつもりはないと慌てて断った理由は、ギャラクシーの練習場から遠すぎたことである。約250キロ離れており、通勤に車で3時間かかる。英国のベッカムの豪邸は「ベッキンガム宮殿」と呼ばれ、そこに迷路をつくっており、ネバーランドに「見学なら大歓迎」と興味津々だった。すでに内装業者に「子供部屋はサッカースタジアムをモチーフに」と指示するなど楽しい新居づくりを目指していたため購入の可能性はあった。2005年5月に売却話が出た時に1950万ポンド（約47億円）の値が付いたが、打診はその半値だった。ベッカムはこの時、年俸60億円だったので購入可能な価格ではあった[206]。

自信喪失し、世界で最も成功しているプロデューサーに依頼

　2007年2月、マイケル（48歳）が超大物プロデューサー、サイモン・フラー氏とタッグを組んで再起を目指している、とニューヨーク・ポスト紙が報じた。同紙によると、マイケルはフラー氏とラスベガスで会った。2006年、マイケルはロンドンで開催されたイベントでパフォーマンスをこなせずブーイングを受け、自信をなくしていると言われていた。そこで世界で最も成功しているプロデューサーに泣き付いたらしい。フラー氏の名声は世界中に轟いていた。スパイス・ガールズのマネジャーを務め、世界的人気グループに育てるなど、敏腕音楽プロデューサーとして頭角を現していた。音楽だけでなく、テレビ、スポーツの分野でも成功を収めている。同氏はアカデミー助演女優賞にノミネートされたジェニファー・ハドソンらを輩出した米人気アイドルオーディション番組「アメリカン・アイドル」の制作総指揮を務めた。マイケルは3億ドル（約360億円）に及ぶ借金に苦しむが、フラー氏には十分勝算

---

[205] 2006/08/28 AFPBB NEWS/AFP通信「マイケル・ジャクソンの「ネバーランド」で火災　－米国」
[206] 2007/01/18 日刊スポーツ 0頁「サッカー　スペイン　レアル　ベッカムに「ネバーランド買わない？」」

があるらしい。フラー氏の代表的なプロデュース（設立した会社「19 エンターテイメント」によるものも含む）は、音楽ではスパイス・ガールズをはじめ、米英両国で次々とヒット曲をリリースし、「ポップス界の錬金術師」の異名をとる。ビートルズのマネジャー、ブライアン・エプスタイン氏のセールス記録を破った。スポーツでは 2006 年に F1 のホンダと 5 年契約でイメージ戦略を担った。ベッカム選手をロサンゼルス・ギャラクシーと 5 年総額 2.5 億ドル（約 300 億円）という巨額契約を成立させた。またベッカムの妻子を含む一家のグッズ商品、テレビ番組制作、アパレル商品など「ベッカム・ブランド」の戦略も担当している[207]。

ネバーランドのローン借り換え交渉の最終段階

　2007 年 11 月、マイケルがローン滞納でネバーランドを手放すとの報道について、マイケルのスポークスマンが否定した。スポークスマンのレイモン・バイン氏は「マイケルはネバーランドのローン返済を怠っていない。ローン借り換え交渉の最終段階に臨んでおり、ネバーランドを失うことはない」と述べた。サンタバーバラ郡の米保険会社 Fidelity National Financial の発表によると、マイケルは 2006 年に 2300 万ドル（約 26 億円）を借りており、返済の終わっていない残高が 2320 万ドル（約 26 億 2500 万円）あるという。芸能ニュース専門サイト TMZ.com は、マイケルがネバーランドをローンの担保に入れていると伝えた[208]。

26 億円返済かネバーランド売却か

　2008 年 2 月、マイケル（49 歳）がネバーランドを競売で売却する可能性が出てきた、と FOX ニュース（電子版）が伝えた。マイケルが約 26 億円の債務を返済しない限り、競売にかけられる。ネバーランド売却の話は過去に何度も出ていたが、今度こそ手放すらしい。マイケルは 350 億円規模の負債を抱えていた。競売はサンフランシスコの金融関係会社、ファイナンシャル・タイトル社がサンタバーバラ郡地裁に申し立てた。マイケルが抱える債務 2452 万 5906 ドル（約 26 億円）を返済しない限り、同年 3 月に競売が実施される。競売はネバーランド内の個人所有物すべてが対象となる。家具や電化製品だけでなく、メリーゴーランドなどの遊戯施設も含まれる。2007 年 3 月に東京で 1 人 40 万円の入場料で 300 人と記念撮影するイベントを

---

[207] 2007/02/11 日刊スポーツ 0 頁「マイケル・ジャクソン復活へ、プロデューサーのフラー氏とタッグ」
[208] 2007/11/10 AFPBB NEWS/AFP 通信「「ネバーランドは手放さない」、マイケルのスポークスマンが反論」

開催した。それでも競売を回避できなかったようだ[209]。

ネバーランドの差し押さえ回避

2008 年 11 月、マイケル（50 歳）がネバーランドの所有権を自身の会社と同不動産の債権会社に引き渡していたことが分かった。不動産記録に新しい所有者が「シカモア・バレー・ランチ・カンパニー」になっている。ある匿名の関係筋によると、同社は同不動産の債権約 2400 万ドル（約 23.5 億円）を持つコロニー・キャピタルとマイケルとの合弁会社である。この関係筋は「コロニーとマイケルは一緒に多数の合同事業を進める意向」と言う。マイケルは同年 5 月にコロニー・キャピタルがニューヨークを拠点とする投資会社フォートレス・インベストメント・グループから債権を買い取ったことで、ネバーランドの差し押さえを回避した[210]。

バーレーンの王子が 6.8 億円返還を求めて提訴

2008 年 11 月、バーレーンのアブドラ・ビン・ハマド・ハリファ王子がマイケルを契約不履行で 470 万ポンド（約 6.8 億）返済を求める訴えをロンドンの高等法院に起こした。同王子の弁護人によると、同王子は 2005 年の性的虐待裁判の後、経済的に貧窮していたマイケルを金銭面で援助した。マイケルのスタッフからの依頼で、ネバーランドの公共料金として 3.5 万ドル（約 340 万円）を、その後も 100 万ドル（約 9600 万円）を支払ったこともあった。マイケルの裁判費用 220 万ドル（約 2.1 億円）も含め、王子がマイケルのために様々な支払いを立て替えていたと、弁護人は主張する。同王子はマイケルを歌手として復活させようと、独自のレーベルで CD のリリースを予定していた。レコーディングは性的虐待裁判が結審した翌日に実施され、作詞作曲は同王子が担当した。この CD の売り上げを 2004 年のスマトラ島沖地震による津波の被害者救済のために寄付する予定だった。同王子はこうしたプロジェクトのためマイケルに事前に支払っていた必要経費 470 万ポンド（約 6.8 億円）の返済を求めて訴訟した。一方、マイケルは同王子から受け取った金銭は「贈り物だった」として、同王子の主張を否定した。裁判所に出廷しなかったが、ロサンゼルスからテレビ電話で参加した。「王子は誤解している」「2 人の間には契約が成立

---

[209] 2008/02/28 サンケイスポーツ 0 頁「マイケル、26 億円返済ムリなら「ネバーランド」売却へ！」

[210] 2008/11/14 ロイター通信ニュース「M・ジャクソン、「ネバーランド」所有権を合弁企業に譲渡」

したプロジェクトは1つも無かった」と反論した[211]。

競売決定、ネバーランドの入口の門が競売の目玉に

2008年12月、ネバーランドの門からトレードマークの白い手袋まで、マイケルゆかりの品2000点が、2009年4月に競売にかけられると発表された。ロサンゼルスの競売会社ジュリアンズによれば、出品されるアイテムはビバリーヒルズで1週間展示された後、オークションに出品される。収益の一部は困窮した歌手を支援する慈善活動に用いられる[212]。

ロサンゼルスの高級住宅地に月1000万円で1年間賃貸契約

2009年1月、マイケル（50歳）が約3年ぶりに米カリフォルニア州に戻ってくる見通しとなった、とロサンゼルス・タイムズ紙が報じた。マイケルの広報担当者によれば、マイケルはロサンゼルスの高級住宅地ベルエア地区にある超高級住宅を月額約10万ドル（約1000万円）で1年間借りる賃貸契約を結んだ。この物件はフランスのシャトー風建築の住宅で、寝室が7つ、浴室が13、暖炉が12、ミニ映画館などがある。広報担当者は「賃貸契約をする1年間に自分の夢の家を建てたいのかもしれない」と述べた。マイケルは性的虐待裁判後、バーレーン、欧州、ラスベガスなどを転々としていた[213]。

スリラーの映画監督、マイケルが印税を払わないので提訴

2009年1月、マイケルの音楽ビデオ『スリラー』を監督した映画監督ジョン・ランディス氏が、マイケルを相手取り、スリラーのビデオやDVD、ゲームなどの過去4年間の利益のうち、半額を契約通り印税として支払うようロサンゼルス郡上級裁に提訴した[214]。

マイケルの私物オークションの予想落札価格10〜20億円

2009年4月、開催が待ち望まれているマイケルの私物オークションが予定通り行

211 2008/11/18 AFPBB NEWS/AFP通信「バーレーン王子がマイケル・ジャクソンを訴え、7億円返済を請求」
212 2008/12/11 AFPBB NEWS/AFP通信「「ネバーランド」から白手袋まで、M・ジャクソン関連品2000点が競売に」
213 2009/01/08 AFPBB NEWS/AFP通信「マイケル・ジャクソン、LAの賃貸住宅に引っ越し？家賃は月100万円」
214 2009/01/29 大阪読売新聞　夕刊14頁「「スリラー」監督がマイケル・ジャクソンさんを提訴／ロス郡上級裁」

われる見込みとなった。マイケルの所属事務所「MJJ プロダクション」はオークション停止を求めて提訴したが、ロサンゼルス郡地裁は同月、この請求を棄却した。宝石が散りばめられた有名な手袋や、革・クルミ材・24 金仕様で特別注文されたロールスロイス製リムジンなどを含む膨大なコレクションの予想落札価格は 1000〜2000 万ドル（約 10〜20 億円）と見られた[215]。

4. マイケル死後の動き

CD 売上 500 億円以上、借金 400 億円

　2009 年 6 月 25 日、マイケルは 50 歳の若さで死去した。2009 年 6 月 26 日、マイケルが以前所属していたレコード会社「ソニー・ミュージック・ジャパン・インターナショナル」はアルバムやビデオなど世界の総売り上げが 7.5 億枚以上になると発表した。シングル＆アルバムの売り上げだけで 500 億円以上を稼いだものの、見た物すべてを買ってしまう異常な浪費癖や豪遊癖があった。ネバーランドの維持費などで借金は 400 億円に膨らんでいた。ネバーランドを借金返済のために売却し、月額家賃約 1000 万円の豪邸で最期を迎えた[216]。

純資産 225 億円、ネバーランド 31 億円

　2009 年 7 月、マイケルの 2007 年 3 月末時点の純資産は約 2 億 2660 万ドル（約 225 億円）だったことが分かった。AP 通信が過去にマイケルの資産状況をまとめた会計事務所の文書を入手した。ネバーランドやビートルズ作品などの著作権を管理する会社の保有株、高級車、美術品などで 540 億円近い資産を持つ一方、314 億円の負債があったとされる。当時の最良の資産は、会社の保有株で 370 億円（時価）、ネバーランドは 31 億円、持っていた現金は約 6500 万円だった。マイケルの遺体は同月 2 日にネバーランドに移され、3 日にファンに遺体を公開して追悼式典を行い、5 日に遺族のみでの葬儀が営まれる[217]。

---

[215] 2009/04/14 AFPBB NEWS/AFP 通信「M・ジャクソンの私物オークション実施へ、競売会社が内覧会」

[216] 2009/06/27 デイリースポーツ 2 頁「マイケル・ジャクソン急死　栄光と奇行の 50 年　世界の音楽界に＝革命＝、少年虐待、借金 400 億円... 「スリラー」、「バッド」など売り上げ 7.5 億枚以上「ネバーランド」に代表される異常な浪費、豪遊癖」

[217] 2009/07/02 日刊スポーツ 0 頁「急死した米歌手マイケル・ジャクソンさん純資産は約 2 億 3660 万ドルだった」

上海版ネバーランド総事業費14億円で計画

　2009年7月、中国の開発会社がネバーランドを小型化した施設を上海の崇明島に建設する計画がある、とチャイナ・デイリーが報じた。同紙によると、総事業費約1億元（約14億円）とみられる同プロジェクトの投資家は、2010年の上海万博開幕までに完成させたいと言う。詳細は明らかにされていないものの、「上海版ネバーランド」は地元の環境に合わせ中国らしさを加味したものになる見込みという[218]。

　一方、現地紙、上海日報によると、上海沖の島に計画されている農業関連の観光パークの中核施設にネバーランドのレプリカを設置する計画が持ち上がった。農業関連パークでは他に地方の伝統料理を味わったり、中国の伝統音楽を聞くコーナーなどが計画されている。浙江省温州市の商工会議所の代表は「ネバーランドなしの農業パークではあまりに当たり前でつまらない」「中国のファンがマイケルを懐かしむ場所を作るのはいい考えだと思う」と述べた。ネバーランドを取り入れようという話が出たのは、前月マイケルが亡くなったからである。本家ネバーランドは動物園やテーマパークや、映画館といった部分に分かれているが、どの部分を再現するかは詳しく報道されていない。レプリカの規模は、本家の17分の1の66.7万平米を予定し、2010年に工事の第一段階は完了できるという。同商工会議所に加盟する実業家の1人は、すでにジャクソン家に近い筋を通して、レプリカ・ネバーランドのためのマイケルの遺品を購入できないか打診していた。ネバーランドがレプリカの建設に反対するのではないかという考えは、商工会議所内にはまったくないという。「マイケルの文化は世界全体の遺産。知的財産権の問題があるとは思わない」と商工会議所は考えている[219]。

ネバーランドの公園化構想

　2010年7月、ネバーランドを公園としてよみがえらせる計画が出ていた。ネバーランドは不動産投資会社とマイケルの家族が共同保有していた。州立公園の諮問委員も務めるアリス・ハフマン全米有色人地位向上協会カリフォルニア支部長から公園化の提案を受けたマイク・デービス州下院議員が、「世界中の音楽ファンの目的地になる」と賛同した。同年8月に事業化が可能かカリフォルニア州下院で調査を始める。問題は火の車のカリフォルニア州財政である。景気の落ち込みで税収不足で、州立公園を維持するだけでも精いっぱいで、巨額の予算でネバーランドを買収する

---

[218] 2009/07/12 ロイター通信ニュース「中国、「上海版ネバーランド」建設を計画」
[219] 2009/07/12 AFPBB NEWS「「ネバーランド」のレプリカ計画、上海近郊に」2021年5月18日アクセス https://www.afpbb.com/articles/-/2620295

余裕はなかった。官民の協力で運営すれば、州にとって収入源になるかもしれない[220]。

死後に映画や CD 販売で 248 億円稼ぐ

　2011 年 10 月、マイケルの死後、マイケルの映画興行や CD 販売などから得られた収入が 3.1 億ドル（約 248 億円）に上ることが分かった。ロサンゼルス郡地裁に提出された資料を基に米メディアが伝えた。死去直前の復帰公演のリハーサル風景を描いたドキュメンタリー映画『THIS IS IT』が最も高収入に貢献した。全世界で 2 億 6100 万ドル（約 209 億円）の興収を記録した。未発表曲のリリースやグッズ、印税なども加算された。晩年には人気に陰りが見られたものの、「ポップの帝王」と呼ばれたマイケルへの関心が、急死をきっかけに再び高まったことが反映した。マイケルは浪費が激しく、4 億ドル（約 420 億円）の負債を抱え、破産寸前の危機にあったが、約 1 億 5900 万ドル（約 127 億円）を返済した。遺産管理委員会はネバーランド牧場の改善資金も支払い、さらにマイケルの母キャサリンさんと 3 人の子供たちも養っている。マイケルは 2006〜2008 年にかけて税金の支払いを怠っていたため、弁護士らが解決に当たっていた[221]。

死後 3 年で借金 400 億円完済

　2012 年 7 月、マイケルの死後 3 年で 5 億ドル（約 400 億円）と伝えられる借金を年内にも完済できる見通しとなった。芸能情報サイト TMZ によると、マイケルの遺産管理団体が提出した書類で、同年 5 月末の時点で総収入が 4 億 7500 万ドルと判明した[222]。

ネバーランドが 124 億円で売りに出される

　2015 年 5 月、ネバーランドが 1 億ドル（約 124 億円）売りに出された、と不動産仲介業者が明かした。ネバーランドの所有者は変わり、名称が「シカモア・バレー・ランチ」（Sycamore Valley Ranch）に変更され、売りに出された時、動物はラマ 1 頭のみだった。同物件はある投資会社にリフォームされ、複数の不動産業者が 1 億ドルでこの物件の買い手を探している。専門家らは、マイケルによる子供への性的虐

---

[220] 2010/07/17 毎日新聞　朝刊 8 頁「マイケル・ジャクソンさん：元自宅「ネバーランド」公園化構想」
[221] 2011/02/20 日刊スポーツ「マイケル死後に稼いだ 248 億円」
[222] 2012/07/16 日刊スポーツ「マイケル死後 3 年で借金 400 億円完済」

待の疑惑があることから、物件価格は楽観的との見方を示し、売り手の希望価格で売却するのは難しいとみている[223]。

ネバーランド7割引、35億円に値下げして売り出す

2019年3月、ネバーランドが大幅に値下げされて再び売り出された。価格は4年前の希望売却価格1億ドルより約7割引の3100万ドル（約35億円）だった。代理人の一人、カイル・フォーサイス氏はネバーランドの大幅値下げの理由について、「ロスオリボス周辺で数年続いた干ばつが不動産価格に影響を与えた」「施設の維持管理はしっかり行われている」「干ばつが終わり、サンタイネス・バレーが見頃を迎えている今が売り時」と述べた。マイケルは1988年にネバーランドを1950万ドル（約22億円）で購入したが、債務不履行に陥り、不動産投資会社が2008年に2250万ドル（約25億円）で買い取った。ネバーランドをめぐっては米テレビ局HBOが同月、ネバーランドの屋根裏部屋や寝室、プールなどでマイケルから幼い頃に性的虐待を受けたと男性2人が証言するドキュメンタリー映画『Leaving Neverland』を放映する予定だった[224]。

ネバーランド、22億円で売却

2020年12月、米紙ウォール・ストリート・ジャーナルなどはネバーランドが2200万ドル（約22.8億万円）で実業家に売却されたと伝えた。購入したのは投資会社の共同創設者ロン・バークル氏で、2000年代に仕事を通じてマイケルと交流があった。つまりネバーランドは1988年に約1950万ドルで購入され、2020年に2200万ドルで売れた[225]。

5. 考察

本章では、マイケルのテーマパーク事業をネバーランドの維持と売却、他のテーマパークへの投資活動と企画という点から考察して、次の点を明らかにした。

第1に、マイケルは1996年にサウジアラビアのアルワリード王子と合弁会社を立ち上げ、マルチメディア革命に対応し、テーマパークやホテル、映画製作、アニメ、音楽、出版、歌手の公演ツアー、キャラクター商品販売などの事業を行うと発表した。

---

[223] 2015/05/31 AFPBB NEWS/AFP 通信「M・ジャクソンさんの旧邸宅「ネバーランド」124億円で売りに」
[224] 2019/03/01 AFPBB NEWS/AFP 通信「M・ジャクソンさんの「ネバーランド」、70%の大幅値下げで再び売りに」
[225] 2020/12/26 毎日新聞　夕刊6頁「NEWSFLASH：「ネバーランド」22億円で売却」

しかし 2024 年現在、その会社は無さそうである。アルワリード王子は 1994 年に経営難にあったパリ郊外のユーロディズニーに 4.5 億ドルを提供し、「星の王子様」と話題になったので、マイケルと組んで何か実行するかと思われた。

　第 2 に、マイケルは 1998 年に経営再建下にあった韓国のリゾート開発会社に約 100 億円を投資して子供向けのテーマパーク「ネバーランド・アジア」を建設すると発表した。マイケルほどの有名人になると、大統領の就任式に参加でき、大手財閥の会長と会談できる。他のことで大きく成功すると、テーマパーク事業で無名の新人ができないことが出来ると分かる事例となった。筆者はテーマパークを新設したいという相談を何回も受けた。別のことで知名度を上げることで、有利な立場で交渉できるとマイケル・ジャクソンのケースから分かる。

　第 3 に、マイケルは 1998 年に横浜・新山下地区に子供向けテーマパーク「ワンダーワールド」を総事業費 200 億円で計画していた。マイケルが半額出資するため、東京・神田錦町の企画会社「アモン株式会社」と協力し、建設準備会社「マイケル・ジャクソン・ジャパン」を設立した。2001 年完成予定だったが、2024 年現在、そのようなテーマパークは無い。マイケルは 1998 年 8 月に 40 歳になることから、事業に力を傾けたかった。人気稼業では長く人気が続くことは難しいので、40 代からは投資家や実業家になろうとテーマパーク事業に投資したのだろう。しかしテーマパーク事業は非常に高額で、集客が難しい。

　第 4 に、マイケルのテーマパーク計画は故エルビスが米メンフィスに「プレスリー・ミュージアム」（年間売上約 32 億円）を残し、成功を収めたことへのライバル心がきっかけの一つになったとされる。マイケルはネバーランドに一般開放用のテーマパークを建設する計画だった。有名な芸能人やスポーツ選手の記念館は、開業しても最初だけ盛況で、その後集客が難しくなる傾向にある。例えば日本では、昭和の大物歌手、美空ひばりの「美空ひばり館」（京都・嵐山）は運営会社「清水」（京都市東山区）が 2017 年 8 月に借入金を返済できずに破産した。美空ひばり館は 1994 年にオープンし 1995 年 12 月期に売上高 12.4 億円を計上した。しかしそれ以降は来場者が落ち込み、2000 年 12 月期には約 6.5 億円に半減し、資金繰りが悪化した[226]。また歌手、松田聖子の公式ショップ「フェリシア・クラブ」（東京・表参道）は

---

[226] 2017/08/23 IT メディア 「元「美空ひばり館」運営元が破産　借入金返済できず」
2021 年 6 月 21 日アクセス
https://www.itmedia.co.jp/business/articles/1708/23/news107.html

新型コロナウィルスの影響で 2020 年に閉店した[227]。このように、その歌手に人気があっても、記念館やミュージアムの経営は難しい。

第 5 に、マイケルは 1993 年と 2003 年に少年への性的虐待疑惑で仕事が減り、弁護士費用がかさみ、借金が増えた。2005 年にマイケルは中東のバーレーンの王子と親しくし、同国の王宮で生活し、バーレーンに移住する計画を進めていた。マイケルクラスの大物になるとセレブな支援者が現れることが分かる。しかし 2008 年にその王子がマイケルを契約不履行で約 6.8 億円の返済を求める訴えを起こした。マイケルは王子から受け取った金銭は「贈り物だった」として、王子の主張を否定した。こういうケースは、二人の関係が良かったときはプレゼント、関係が悪化したら借金返還を求めるということだろう。バーレーンの法制度について分からないが、日本の法律では、人間関係が良かった時にあげたお金や物は「贈与」となり、返金義務はない。

第 6 に、2006 年にマイケルはネバーランドの従業員 47 人への給与未払いで、適正な保険にも加入させていないことが発覚した。敷地内にいる動物の世話を地元の動物管理局に依頼した。乗り物は電気を切っておけばいいが、動物は毎日餌やトイレなどの世話が必要となる。テーマパークで動物を扱うことは非常に難しいことなので、安易に手を出してはいけない。またマイケルは自分だけセレブ生活を謳歌するも、ネバーランドの従業員には賃金未払いで保険に入れていなかった。

第 7 に、マイケルの死後、中国の開発会社が「上海版ネバーランド」を上海に建設する計画を発表した。総事業費約 14 億円で、2010 年の上海万博開幕までに完成させたい。2024 年現在、そのような施設は無いようである。アメリカでは 2010 年にネバーランドを公園としてよみがえらせる計画が持ち上がった。官民の協力で運営すれば、州にとっても収入源になるかもしれない。テネシー州メンフィスで故エルビス宅が年間約 32 億円を生んでいた。エルビスの邸宅はファンにとって聖地で、メンフィスにとって観光資源となっている。メンフィスはロックンロール発祥の地として人気の観光地になっている。

本章の限界は下記の 3 点である。第 1 に、個人の自宅なのでネバーランド単体の総工費や維持費が不明なことである。1988 年に 1950 億円で購入したが、住居部分、テーマパーク部分、動物園部分などの比率も分からない。マイケルの死後に公園化されたらある程度情報公開されたと思うが、個人の邸宅のまま別の人に売却されたため情報非公開である。一点分かったことは、ネバーランドの維持には 47 人の従業員

---

227 「「松田聖子」公式ショップがコロナで"閉店" 再ブレイクのカギは YouTube か」週刊新潮（2020 年 8 月 13・20 日号）2021 年 6 月 21 日アクセス
https://www.dailyshincho.jp/article/2020/08201057/?all=1

が必要なことで、その人件費は月 4000 万円だった。おそらくメイド、庭師、動物の飼育員、警備員、清掃員などだろう。アメリカの大邸宅は維持費が大きい。第 2 に、横浜、韓国、ポーランドにマイケルが計画したテーマパークがどういう経緯で中止されたのか不明である。第 3 に、他の事業者が計画した上海版ネバーランドはどうなったのか不明である。今後の研究課題は、成功している芸能人やスポーツ選手のミュージアムについての研究である。

6. まとめ

　このたび筆者は生まれて初めて芸能ゴシップ記事のような記事を書くこととなった。書き始める前、そう言えばマイケル・ジャクソンのネバーランドはどういう経緯だったのかと、気楽な気持ちで調べ始めた。マイケルの軌跡を辿ると、テーマパーク事業に特化したとしても、ほとんど芸能ゴシップ記事の様相を呈する。

　筆者が大学院時代にディズニーランドのアルバイトの人材育成とモティベーション向上策を研究し始めた時、ふざけていると思われ、もっと真面目なテーマを選ぶようにと怒られた。マイケル・ジャクソンはディズニーランドを遥かに超えるインパクトの大きさである。奇しくも、マイケルは大のディズニーランド好きである。エンターテイメントを生業とする人はディズニーランドに惹かれるのか。

　また、テーマパークの研究をしていてベッカム選手が登場するとは思わなかった。ベッカム選手がネバーランドを購入したら、資産価値が上がるだろう。ベッカム選手が買って住み、価値を高め、修繕し、アトラクションを追加して、一般公開したら事業として成功したかも知れない。マイケル、ベッカム、ベッカムの妻ビクトリア夫人のファンを集客できるだろう。それ以外にも、ロサンゼルス周辺には世界のトップクラスのテーマパークが集まっており、そのエリアの人はテーマパーク好きが多く、テーマパークに行く文化がある。そのエリアはテーマパークファンを全米から呼べる。

　マイケル・ジャクソンは同じ種類の人や事象はなく、唯一無二である。筆者は他の本を同時に執筆しているが、どの本のどの部にも同じ種類のものがなかった。結局、アメリカ編の「非ハリウッド系」に番外編として入れるしかなかった。

終 章　アメリカンドリームの象徴と動物愛護問題

1. 本書の要点

　本書ではアメリカのテーマパーク産業を経営学的に論じた。本書は三部構成で、序章で世界ランキングと世界動向、第Ⅰ部で老舗の初期から現在、第Ⅱ部でハリウッドBIG5、第Ⅲ部で非ハリウッド系を考察した。全体的にディズニーのビジネスモデルを目指し、ディズニーに追いつけ追い越せの精神で事業に邁進している。

序章　世界ランキングと世界動向

　世界のテーマパーク産業の現状と特性を考察した。世界の主要テーマパークの20施設中、10施設がアメリカ本土に立地し、うちフロリダ州に6施設、カリフォルニア州に3施設が集中している。2010年代に全体的に入場者数が大きく増加した。

第1章　コニーアイランド　〜ディズニーランド以前のアメリカ最大の遊園地〜

　ディズニーランド以前の全米最大かつ最も有名な遊園地エリアである。1800年代から観光開発が進み、ニューヨーカーを集客し、人気を誇った。1960年代以降低迷するも、地道な集客と再開発で人気復活した。下品で人間味あふれるエンターテイメントが売りで、ディズニーランドが構築した清潔で健全なエンターテイメントと異なる。

第2章　シダーフェア　〜老舗と絶叫マシンの聖地〜

　同社は人気のシダーポイントを擁するため、最新鋭のジェットコースターの印象が強いが、アメリカを代表する老舗テーマパークである。同社の13パークのうち、**シダーポイント**は1870（明治2）年に創業された老舗で、シダーフェアが1992年に買収した。新型コロナウィルス流行で閉園し、社債を発行した。業界を統合したいシーワールドから買収提案を受けるも拒否した。

第3章　ワーナー・ブラザースのテーマパーク参入戦略

　ワーナー・ブラザースのテーマパーク「ムービー・ワールド」は1991年にオーストラリアに開業した。ワーナーは1996年にロンドン近郊に、1997年に熊本県に、2007年にアブダビに、2015年にマカオに、レジャー施設を設立すると発表した。2014年に大阪のUSJに約450億でハリー・ポッターの施設がオープンした。2012年にロンドン郊外にハリーポッター・スタジオツアーが、2023年に東京のとしまえ

ん跡地に同様の施設が開業した。

第4章　ワーナー・ブラザース・スタジオストアの栄枯盛衰

　ワーナー・ブラザース・スタジオストアの出店の経緯と現地企業との提携および多店舗展開、人気を失って全店閉鎖に至る過程を考察した。ライバルのディズニーが1987年にディズニーストアロサンゼルス郊外や日本に開き成功したため、ワーナーも追随した。WBスタジオストアの出店戦略は徹底した一等地主義で、1993年にニューヨークの一等地、マンハッタンの57丁目に、銀座3丁目の一等地に日本の旗艦店を開業した。

第5章　パラマウントのテーマパーク参入戦略

　パラマウントは1992年に米国内でキングズ・エンターテイメントを508億円で買収し、4つのテーマパークを運営し始めたものの、2006年にテーマパーク部門をシダー・フェアに1240億円で売却した。パラマウントはTDL成功を見て日本進出を目指し始めた。福岡県、韓国・仁川、中東のヨルダンにテーマパーク計画を発表したが、実行されなかった。

第6章　ソニー・ピクチャーズのテーマパーク参入戦略

　ソニーはハリウッドBIG5の中で映画事業が際立って不調である。ソニーは独ベルリン、東京お台場、米サンフランシスコに小型のエンターテイメント施設をつくるも初期投資の回収もできず閉鎖した。タイの観光地パタヤ郊外にウォーターパークを、ロンドンにジュマンジのテーマパークを開業した。

第7章　絶叫マシンのシックス・フラッグス

　シックス・フラッグスは世界的に絶叫マシンで有名で人気である。日本の富士急ハイランドが絶叫マシン「FUJIYAMA」を導入したのが1996年で、その後、日米で絶叫マシンブームとなり開発競争が起きた。ハリウッド系と違って自社のコンテンツがないのでジェットコースターをコンテンツとしたのではないか。

第8章　海洋生物のシーワールドと動物愛護問題

　シーワールドは1980年代にテキサス州サンアントニオ市が誘致したことに始まった。海をテーマにしており、シャチやイルカのショーが人気となり、全米で13ヶ所に増やした。しかしシャチの飼育員がシャチに襲われ死亡したことで人気が落ち

た。動物愛護団体にシャチの奴隷労働を批判されて訴えられたため、教育向けの展示を増やすなど方針転換した。

番外編　マイケル・ジャクソンのテーマパーク狂騒曲

　マイケルはカリフォルニア州に広大な土地を購入して豪邸ネバーランドを建設し、テーマパークや動物園を併設した。ここを舞台に繰り広げられた少年への性的虐待疑惑とテーマパーク事業に投資するも成功しなかったことを「テーマパーク狂騒曲」と定義した。少年への性的虐待疑惑でネバーランドの不動産価値が低下し、マイケルの仕事が低迷したため、資産をテーマパーク事業に参入を試みるも、成功しなかった。

2. アメリカンドリームの象徴

　アメリカのテーマパーク業界は、全体的にディズニーのビジネスモデルを目指し、ディズニーに追いつけ追い越せの精神で事業に邁進している。ディズニーのトップマネジメントはセレブ生活が報道されている。アメリカのテーマパーク業界、映画業界でトップに上り詰めることはアメリカンドリームの象徴である。例えば、ウォルト・ディズニーが 1949 年に購入し、亡くなる 1966 年まで住んでいた豪邸が 2014 年 6 月に売却された。ロサンゼルスのキャロルウッド・ドライブに建てられたこの家の中には 8 のベッドルーム、17 のバスルーム、ワインセラー、図書室、トレーニングジム、ムービーシアター、不法侵入者から身を守るためのセーフルーム 2 部屋、プール、テニスコート、ゴルフのグリーンがあり、総面積 1 万 7401 平米（5263 坪）である。日本の平均的な 2 階建ての家が約 35 坪なので、146 戸分に相当する。評価額は 9000 万ドル（約 91.8 億円）だったが、7400 万ドル（約 75.5 億円）で売りに出された[228]。

　ウォルトの死後、低迷したディズニー社を立て直した中興の祖マイケル・アイズナー元会長兼 CEO は 2022 年にカリフォルニア州マリブの高級住宅地の豪邸を 2 億 2500 万ドル（約 225 億円）で売りに出した。1990 年代に最初の区画を購入し、その後 3 区画を買い足し、合計 4 区画、約 5 エーカー（約 2 万平米）である。この金額はカリフォルニア州で史上最高額である[229]。

[228] 2014/06/23 女性自身「ウォルト・ディズニーが住んでいた豪邸が売却へ ‒ その驚愕のスペックと価格」2023 年 4 月 11 日アクセス
https://jisin.jp/international/international-news/1600773/
[229] 2022/04/28 Los Angeles Times, Former Disney chief Eisner lists Malibu spread for $225 million, eyeing price record, 2023 年 4 月 11 日アクセス

アイズナー元会長兼 CEO の右腕だったフランク・ウェルズ元社長兼 COO は、1990 年にカリフォルニア州で最も高給で、給与ボーナスとストックオプションによる報酬総額 5100 万ドル（約 51 億円）近くだった、とヘリコプター事故で死去した時に報じられた[230]。ウェルズ元社長兼 COO はクリント・イーストウッド監督と親友で、自家用ヘリコプターでヘリスキーに行き、その帰りに亡くなった。

この 3 人の収入額は異常であるが、テーマパーク業界で全米トップクラスに成功したら、このようなセレブ生活が可能となる。ここまで極端な成功を望むわけではないが、アメリカンドリームを目指して仕事に邁進する文化だろう。

ハングリー精神で貧困からはい上がった

本書を通じて、ナッツベリーファーム創業者のナット夫妻、ウォルト・ディズニー、ハリウッドのユダヤ人たち（しかも東欧出身）、みな貧困の中から強いハングリー精神ではい上がったことが明らかになった。マイケル・ジャクソンも黒人差別が酷い時代に、貧しい黒人の家庭に生まれ、才能ではい上がった。筆者がテーマパークの研究をしていて、ハリウッドに強い関心を持つようになったのは、恵まれない環境に生まれ、裸一貫からはい上がったことを知ったからである。特にナット夫婦は貧しい中、農業でのし上がったとは予想しなかった。農園に飲食店を併設し、そこにエンターテイメント施設を敷設して、そこからテーマパークに発展したとは事前に予想もしなかった。農業や漁業の現場労働者は決して高収入ではない。農業からアメリカンドリームをつかんだ。

ハリウッドは存在そのものがステイタスシンボル

WB スタジオストアの研究をして筆者は確信した。WB スタジオストアの日本最大店舗は銀座店で、住所は東京都中央区銀座 3-5-3 だった。ここは現在、シャネル銀座という日本最大の**シャネル**の路面店である。WB スタジオストアは**一等地主義**である。地方店舗でも軽井沢や横浜・八景島と、高額家賃だったはずである。特に銀座の一等地はシャネルの旗艦店が入るような立地である。シャネルは 1 アイテムが小さく、高額である。WB スタジオストアの商品より高額と思われる。客単価が高い

https://www.latimes.com/business/real-estate/story/2022-04-28/former-disney-chief-michael-eisner-lists-malibu-compound-225-million

[230] 1994/04/04 Los Angeles Times, Disney President Wells Killed in Copter Crash: Accident: Executive was among three who died on Nevada skiing trip. He is credited with helping firm achieve new prosperity.,2023 年 4 月 11 日アクセス
https://www.latimes.com/archives/la-xpm-1994-04-04-mn-42417-story.html

店でなければ採算が取れないだろう。一等地主義の理由は、一等地でなければ会社の格が下がるとの判断からではないか。アメリカではハリウッドの大手映画会社は存在自体がステイタスシンボルである。そのため立地を極端に良くするので、コストがかさみ、利益を圧迫するのだろう。ルイ・ヴィトンやエルメスのようなヨーロッパのラグジュアリーブランドが構築しているビジネスモデルでは、一等地に店舗を構えてブランド価値を高める。しかしWBスタジオストアは一等地で成功しなかった。

　また、WBスタジオストアのスターレット社長は映画業界の仕事に憧れていて、WBストジオストアのトップマネジメントになれて嬉しく、知人から小売業界で一番いい仕事と言われたことが分かった。この時点では、WBスタジオストアの社長は小売業界で一番いい仕事だった。しかし数年で全店閉鎖に追い込まれた。筆者もハリウッドの研究を続けていたら、ハリウッドに憧れ、何かハリウッド関係の仕事をしたいと思うようになった。

3. 本書の限界と今後の研究課題
本書の貢献
　本書はアメリカのテーマパーク産業を経学的に論じた初の書である。これまでテーマパークのアメリカ市場を経営学的に研究した研究者はいなかった。アメリカのテーマパーク業界を経営学的に研究しているアメリカ人は今のところいないようだ。また、これまでの研究ではテーマパーク経営に動物愛護の視点が無かった。本書で初めてテーマパークで働く動物に対する保護や愛護という視点で考察した（後述）。

本書の限界
　本書の限界は、インタビュー調査に応じてもらえず、データアクセシビリティが低いことである。筆者はこれまで多くのテーマパークにインタビュー調査を申し込んだが断られてきた。経営状態を文章化され発表されてもいいと言うテーマパークはごく一部である。テーマパークの経営学的研究は、各社の協力を得にくい。そのため二次資料、特に経済新聞を頼りに情報収集するしか方法が無い。また筆者ができる言語は日本語と英語のみで、ドイツ語が少々できる程度である。主として日本語、一部英語での報道を頼りに情報収集するしかない。

今後の研究課題
　今後の研究課題は今までに気づいていないテーマパークの存在を知り、その研究

を進めることである。筆者は一パークに詳しいことよりも、多くのテーマパークに詳しく、業界全体を網羅することを優先している。ただし公表データが最も多く、元従業員の書籍が多い日米のディズニーリゾートについて詳細な研究を進めたい。日米のディズニーリゾートを詳細に研究することで、業界全体を代表しているという立場をとることもある。

　筆者の研究は、テーマパーク業界を初めて経営学的に研究し、全体像を明らかにする挑戦である。できるだけ事例研究を増やし、**多くの事例が集まったら帰納**したい。筆者は後に**帰納法**で解明するための途中段階にいる。

　テーマパーク業界は世界的に急成長している。日米のような成熟市場でも常時追加投資して成長する。新興国には大量のテーマパーク計画があり、実際に建設されるテーマパークも多い。今後はエンターテイメント性の高い博物館、美術館、水族館、動物園などの集客施設も対象に広げたい。またテーマパーク業界関係者から相談や依頼を受けたら、研究者として協力し一緒にテーマパーク業界を盛り上げたい。守秘義務が多くて発表できないが、貴重な経験ができる。またシダーフェアのような地域密着型のテーマパークの経営をもっと詳細に研究したい。ただしディズニーランドなど大規模テーマパークに比べてデータ量が少ないため、難航するだろう。

4. SDGs と動物愛護の重要性

　世界のテーマパーク業界への提案として、SDGs と動物愛護の重要性を述べたい。

SDGs とは何か

　世界的に SDGs（エスディージーズ）が盛んである。SDGs（Sustainable Development Goals）とは「持続可能な開発目標」の略である。2001 年に策定された<u>ミレニアム開発目標（MDGs）</u>の後継として、2015 年の国連サミットで加盟国の全会一致で採択された「持続可能な開発のための 2030 アジェンダ」に記載された 2030 年までに持続可能でよりよい世界を目指す国際目標である。17 のゴール、169 のターゲットから構成され、地球上の「誰一人取り残さない（leave no one behind）」と誓っている。SDGs は発展途上国のみならず、先進国が取り組む普遍的なもので、日本も積極的に取り組む[231]。

　SDGs の 17 の目標は、(1)貧困：貧困をなくそう、(2)飢餓：飢餓をゼロに、(3)保健：すべての人に健康と福祉を、(4)教育：質の高い教育をみんなに、(5)ジェンダー：

---

[231] 総務省「SDGs とは?」2021 年 8 月 5 日アクセス
https://www.mofa.go.jp/mofaj/gaiko/oda/sdgs/about/index.html

ジェンダー平等を実現しよう、(6)水・衛生：安全な水とトイレを世界中に、(7)エネルギー：エネルギーをみんなにそしてクリーンに、(8)成長・雇用：働きがいも経済成長も、(9)イノベーション：産業と技術革新の基盤、(10)不平等：人や国の不平等をなくそう、(11)都市：住み続けられるまちづくり、(12)生産・消費：つくる責任つかう責任、(13)気候変動：具体的な対策を、(14)海洋資源：海の豊かさを守ろう、(15)陸上資源：陸の豊かさも守ろう、(16)平和：平和と構成をすべての人に、(17)実施手段：パートナーシップで目標を達成しよう、である[232]。

　先進国ではより一層環境保全が求められる。テーマパーク業界では、(5)ジェンダー平等、(14)海洋資源、(15)陸上資源を守りながら、(8)成長・雇用、働きがいも経済成長も達成するという目標が該当するだろう。

地球温暖化現象がテーマパーク業界に影響

　東南アジアなどでの熱帯性気候は屋外型テーマパークに不向きとの見方もある（中島, 2022b）。日本では、夏に暑すぎると海水浴場、プール等で来場者数が減る傾向にある。適度に暑いなら集客につながるが、極端に暑いと海やプールですら客数が減る。空調が効いた室内の施設に人気が集まる。つまり地球温暖化現象が集客減少をもたらす。ところが、冬が長く厳しいヨーロッパにはその逆の影響がもたらされた。ヨーロッパでは場所と気候によるが、テーマパークは冬季の半年くらい休園する。しかし1992年開業のユーロディズニーは冬季休業せず、通年営業である。これは革新的だった。北欧のコペンハーゲンにあるチボリ公園は1994年に開業以来、初めてクリスマスイベントが行われた。1997年からはチボリ公園全体がクリスマスイベントに使用される。地球温暖化による暖冬の影響と推察できる。建設費などの経費は一定なので、冬季にも営業したいのだろう。

　ウォルト・ディズニー（1901～1996年）は、温暖なロサンゼルス郊外のアナハイムやフロリダ州オーランドに土地を購入し、テーマパークを設立した。その後、温暖化現象が進行し、夏季は極端に暑くなった。生前のウォルトが前提とした気候に比べて過酷な暑さになった。ウォルト時代のロサンゼルス周辺やフロリダでは、気温は高いが湿度が低く、雨が少なく、爽やかな気候だった。それに比べて東京周辺は高温多湿で多雨である。

　それなら室内型テーマパークにすればいいと思うだろう。しかし室内型テーマパークは建設費が高額になる。しかもジェットコースターやフリーフォール、観覧車な

---

[232] 外務省「持続可能な開発目標（SDGs）達成に向けて日本が果たす役割」2021年8月5日アクセス https://www.mofa.go.jp/mofaj/gaiko/oda/sdgs/pdf/sdgs_gaiyou_202108.pdf

ど高いアトラクションを設置しにくい。小型の乗り物がメインでは、小さい子供向け
となり、人気が出にくい。駐車場や公園等を潰して拡張しようにも、室内型では拡張
しにくい。

　テーマパークで働く動物にとっても、地球温暖化現象で過酷な暑さとなっている。
地球上の全員が毎日細かく工夫して、環境保全務めることが必要である。

SDGs ブームに対するアンチテーゼ

　SDGs が重要と言われると、それに取り組むことが有名企業にとって義務と化す。
SDGs への取り組みを HP に目立つように記載し、実際のオペレーションはその HP
で謳っていることより低い程度で実施する会社は一部あるだろう。そのため他者に
良く見られるためでなく、メディア対応でなく、SDGs の実行が重要である。しかし
SDGs が先進国に強く課された義務ということは、SDGs の実行は高コストというこ
とである。これら理想的な目標を達成できるに越したことはないが、コストを払う。
資金力で劣る中小企業は SDGs にかかるコストを捻出しにくいだろう。よって事実
上、企業が取り組む SDGs は**広報**活動の一部と言える。つまり SDGs にかかるコス
トは**広告**コストに類似する。そのため表面的に SDGs に取り組んでいると HP 等に
書くも、実際は取り組んでいない **SDGs ウォッシュ**が問題になっている。SDGs と
いう言葉を使っているかに関係なく、実際に環境保全に努めているかが重要である。

心理的陳腐化戦略と SDGs の矛盾

　さらに、テーマパーク業界はキャラクター業界、キャラクターグッズ業界でもある
ので、サステイナビリティ（持続可能性）に逆行する。「それは古いです。去年のグッ
ズです」と遠回しに主張し、今年のデザインの商品の購入を促進する。これをマー
ケティングで「心理的陳腐化戦略」という。先進国ではほとんどの産業が飽和してい
るので、商品が売れにくい。すでに持っている物の最新版を買わせる行為なので、
SDGs の対極にある。ウォルト・ディズニーは 1928 年にミッキーマウスのアニメ
『蒸気船ウィリー』をヒットさせ、キャラクターを食器やぬいぐるみにして発売する
話が来たので発売してみたら、映画よりもグッズ販売の方が、利益率が高いと発覚し
た。よって、テーマパーク業界はグッズ販売で稼ぐビジネスモデルである。グッズ販
売をやめる気はないだろう。入場料は 1 人いくらか決まっているが、グッズ販売は
制限がない。キャラクターのファンを育てれば、高額の買い物が期待できる。つまり
一つのものを長く大切に使おうとする SDGs の精神と矛盾する。

テーマパークにおける動物愛護問題

　シーワールドでシャチのショーが動物愛護団体から問題を指摘され、中止に追い込まれた。このことからテーマパークや動物園と動物によるショービジネスの抱える問題について考えてみたい。

　最初の大きな事件は、1903年にコニーアイランドで発明王トーマス・エジソンが、観客3人を踏み殺した象を観客の前で電気ショックで処刑したことである。この時代は、人間に捕えられて働かされている動物に何の権利もなかったことが分かる。

ディズニー・アニマルキングダムで動物が交通事故死

　1998年にディズニー・アニマルキングダム（フロリダ州オーランドにあるアフリカや動物をテーマにしたテーマパーク）の開園準備期間中に鶴やチーターなど動物約20匹が死亡したことが分かり、一部動物保護団体の活動家が押しかける騒ぎになった。米農務省は動物の死亡にディズニー社の法的責任はないとの調査結果を発表した。開園までに死亡したのは、チーターの子供4頭、サイ2頭、カバ2頭、鶴2羽などである。死因は内臓疾患や感染症などだが、鶴は園内を走る自動車に轢かれた。一部の動物保護団体では「何頭かの動物は死ななくてもよかったはず」とディズニー社の失策を主張した。ディズニー社は「開園にあたって著名な動物学者を顧問に迎え動物保護には万全を期していた」とコメントした。農務省スポークスマンは「動物の死亡は不幸な出来事だが、動物福祉法に違反していない」と述べた。アニマルキングダムは総工費8億ドルをかけ、アフリカから200種類以上の動物を輸入した[233]。

　同事件に対する動物愛護団体の抗議活動として、同団体はアニマルキングダムに通じる道路わきに横断幕などを掲げ、客に入場ボイコットを呼び掛けた。これに応じた人もいた。ボイコット運動に対して、ディズニー社は「数年前に設立したディズニー・ワールドワイド保護基金で、これまで300万ドル以上を世界の動物保護活動に役立てている」などと反論した。チンパンジー研究の権威、ジェーン・グッドオール博士は「動物園で動物が生まれ、死ぬのは普通に起きること。少々の数の動物の死は心配していない」とコメントした[234]。

　ディズニーは非常に目立つ存在なので、何か問題が起きたら大きく報道される。動物をテーマにしたテーマパークでは動物に問題が起きると動物愛護団体から批判さ

---

[233] 1998/04/23 東京読売新聞　夕刊22頁「米「アニマル・キングダム」で開園準備中に動物が約20匹死ぬ」
[234] 1998/04/24 東京新聞朝刊3頁「動物死亡で入園ボイコット騒ぎ　米アニマルキングダム」

れ、入園をボイコットされるなどバッシングされやすい。機械の乗り物と違い、動物を飼育することは命を預かるため責任が重い。

マイケル・ジャクソン、給料未払いで動物管理局に依頼

2006 年にマイケル・ジャクソンがネバーランド（動物園がある）の従業員への給与未払いと、適正な保険に加入させていないことが発覚した。カリフォルニア州当局がネバーランド内にいる動物の世話を地元の動物管理局に依頼していたことも併せて発覚した。詳細は発表されていないが、ネバーランドの動物が適切な飼育を受けていたのか不明である。この頃、マイケルは中東のバーレーンの王子の王宮に住んでいた。石油王の息子と豪遊している場合ではない。動物を飼うなら責任持って世話をしてほしい。

動物愛護団体がシャチの労働を憲法違反として提訴

2011 年に国際動物愛護団体はシーワールドのシャチ 5 頭の「雇用」継続は奴隷制度と強制的苦役を禁じた米憲法修正第 13 条違反に違反（憲法違反）するとの訴えをサンディエゴの連邦地裁に起こし、5 頭の解放を求めた。2012 年にカリフォルニア州の連邦裁判所はこの訴えを却下した。同地裁の判事は憲法の修正第 13 条は人間だけに適用されるとの判断を下した。この訴訟は、訴訟大国アメリカでも論理破綻しているだろう。憲法は人間だけに適用される。日本で言う「因縁を付けられた」のだろう。同団体の売名行為に使われたのではないか。

シャチの飼育員死亡と海洋動物のショーへの批判

裁判で勝訴したものの、2016 年にシーワールドはシャチの繁殖とショーを中止した。シーワールドは調教師がショーの最中にシャチに襲われて死亡した事件を取り上げたドキュメンタリー映画『ブラックフィッシュ』が 2013 年に公開されて以来、来場者数や業績が低迷し、CEO が辞任に追い込まれた。同社はサンディエゴでの拡張工事計画を発表していたが、同州当局は新設備でのシャチの繁殖と移動を中止しなければ工事を認可しない方針を示した。同社はショーに代わり、野生のシャチが直面する危機についての教育に重点を置く展示を行う。また、同社が行っている海洋動物の救助活動にも焦点を当てる。近年では年間約 1000 万ドルを救助活動に費やしているが、周知努力を怠っていた。イルカなど他のショーについては継続するが、消費者の嗜好が変化すれば見直す可能性もある。この動物愛護団体にバッシングされた事件は、大手テーマパークは目立ちすぎるのでバッシングされる現象の一部と筆者

は推察する。

日本での法制度

　筆者は法学に関する知識がないため、アメリカの動物園など動物をショーに使う事業に関する法制度について分からなかった。そのため日本での同法制度を見てみよう。

　ペット関連の法律に詳しい細川敦史弁護士が、朝日新聞社のペット向けサイトで法律の視点から動物園について解説している。それによると、日本に動物園そのものを対象とした法律は無い。動物園は**博物館法**という法律の中で自然科学などの資料を展示する施設の一つとして位置づけられ、教育委員会の登録を受けるものとされている。ただし条文の中に「動物園」の文言はない。この法律に基づく登録は義務ではないので、博物館法の登録を取得している動物園はほとんどない（2013 年 10 月に 2 園）。動物園は国や地方自治体が設置する都市公園の中の「**公園施設**」として、広場や休憩場、遊戯施設などと並んで条文に例示されている。ここでも公園施設の一部としての扱いで、さらに私立の動物園は対象外である。動物の取り扱いに関する法規制について、営利目的の動物園は**動物愛護管理法**の第一種動物取扱業者として、都道府県などへの登録が必要とされている。ペットショップや動物カフェなどと同じ法律による規制の対象となる。多くの動物園では、愛玩目的では飼えない「特定動物」や、日本の生態系に影響を及ぼす「特定外来生物」に該当する動物を飼育管理していることがあり、それぞれの法律に基づき飼育許可を得る必要がある。また動物園で飼育管理されている動物たちには、**種の保存法**、**鳥獣保護法**、**文化財保護法**、**家畜伝染予防法**など多くの法令が関わっている。しかし動物園そのものを対象とし、動物園の目的や役割を明記した法律は無い。2013 年度に**環境省**で専門家による検討会が設置され、2014 年に「動植物園等の公的機能推進方策のあり方について平成 25 年度報告書」が公表された。私企業であれば営利のみの追及、自治体運営であれば予算の問題などにより、獣医師などの専門家の関与がなく、動物福祉の観点から問題が多い。動物園とは名ばかりのところも一定数ある。一方、かつての娯楽施設、見せ物的施設から脱却し、動物園の公的機能を確立させようと努力する動物園関係者もいる[235]。

---

[235] 2021/10/03 朝日新聞「Sippo」「これからの動物園のあり方とは　どんな目的や役割を持つようになる?」2023 年 4 月 25 日アクセス
https://sippo.asahi.com/article/14470859

日本の環境省の規定

日本の環境省[236]はシャチなどの動物の**演芸**について次のように規定している。動物の演芸は古くから文化として存在した。近年動物の習性等を利用し、その行動を見せるショーは、観覧者が動物に親しみ、理解することに有効な手段で、人気を博している。動物の生態、習性、生理等を配慮することが重要で、みだりに殴打し、酷使する等の虐待となる恐れがある過酷なものとならないこと等、演芸や訓練等で動物に過度な負担による苦痛やストレスを与えてはならない。イルカやアシカのショーは、その動物が本来持っている動作を最大限に発揮させることで、親しみながら動物を理解する上で効果的な展示方法である。実施においては、その動物が持っている能力の紹介から逸脱しないよう心掛ける。動物園等はただ動物を飼養して展覧する施設だけではなく、現在は絶滅の恐れのある野生動物の種保存の場、環境教育の場としての役割が大きい。動物園等は動物の習性や生理、その動物達が暮らす生息環境等の知見を集積し、様々な情報を観覧者に提供しなければならない。

日本動物園水族館協会の声明

シーワールドでシャチの労働の批判を受けたためと書かれていないが、2018 年に公益社団法人日本動物園水族館協会 JAZA がイルカ類に関する声明を発表した。2018 年に JAZA は世界動物園水族館協会 WAZA との協議を経て 2015 年 5 月に追い込み漁によるイルカ類の導入を行わないことを決定した。「収集する動物はできるだけ飼育繁殖したものとし、それ以外の入手は適法であることはもちろん、動物の福祉や種の保全について十分な配慮のもとで行われること」という同協会の倫理福祉規定に基づく。ゾウやキリンなどのようにイルカ類も野生個体を捕獲することは極力減らし、飼育個体の繁殖を進めなければならない。2017 年 11 月に同協会は水族館部を設置して、飼育管理や飼育繁殖等、水族館に関する様々な課題に対応する。イルカ類の飼育繁殖についても水族館部内に「イルカ会議」を発足させ、関係者が連携協力して取り組む。今後繁殖に用いる個体の円滑な移動や、人工授精技術の共有、生まれたイルカ類の取り扱いに関する研修等を行う[237]。

以上のことから、日本の法制度ではイルカ等のショーに出る動物は保護される立

---

[236] 環境省「展示動物の飼養及び保管に関する基準の解説」2023 年 4 月 25 日アクセス
https://www.google.com/search?q=%E5%8B%95%E7%89%A9%E5%9C%92+%E7%99%
BA%E7%94%9F&oq=%E5%8B%95%E7%89%A9%E5%9C%92%E3%80%80%E7%99%B
A%E7%94%9F&aqs=chrome..69i57j33i160.4833j0j7&sourceid=chrome&ie=UTF-8
[237] 日本動物園水族館協会「イルカ類に対する（公社）日本動物園水族館協会の取り組みについて」2023 年 4 月 25 日アクセス https://www.jaza.jp/statement

場で、愛護を受ける立場と分かった。アメリカではシャチはテーマパークや動物園等に雇用され、労働しているとの解釈もある。しかし日本では動物園の動物は「雇用され、労働させられる」との解釈ではない。

好例：日本の水族館アクアマリンふくしまのサンマ養殖事業

　動物園や水族館はエンターテイメント事業、ショービジネスであり、同時に動物保護が求められる公共性の高い事業でもある。動物を展示して稼ぐだけではない。同時に社会貢献を実行する必要がある事業である。日本でその好例がある。

　2023年6月、深刻な不漁が続いているサンマについて、福島県いわき市の水族館「アクアマリンふくしま」は日本国内の研究機関と連携し、世界初となる本格的な養殖技術の基礎研究を開始した。同水族館はサンマの飼育に力を入れていて、史上初の水槽での繁殖を成功させ、23年前の開館当初から世界で唯一の**飼育展示**を行っている。同水族館はこの知見を深刻なサンマの不漁に生かすため、**北里大学**など日本国内の3つの大学や研究機関と連携してチームを作った。そのチームのうち、水族館が研究材料となるサンマの安定供給と効率のよい飼育数の検討などを、北里大学などは自然界でエサとしているプランクトンに着目し、養殖に適したエサの開発などを、それぞれ担当する。研究グループは5年以内をめどにサンマに適した条件を明らかにして養殖技術の確立を目指す。サンマの飼育に取り組んできた同館の山内信弥氏は、「私たちしか持っていないサンマの飼育技術を生かしていけると思うが、展示と養殖では性質も規模もまるで異なる。いかに効率よく、大量のサンマを育てていけるか基礎的な知見を積み上げていきたい」と述べた。サンマは近年深刻な不漁が続いている。不漁の背景には、気候変動に伴う各地の海水温の上昇でサンマに適した生息海域が変化している可能性などがある。一方でサンマは光などのわずかな刺激にも驚いて壁にぶつかって傷つきやすいなど、飼育が難しいうえ単価が比較的安く、採算性が低いとして、これまで養殖技術の研究が本格的に行われなかった。この研究では同水族館が水槽での繁殖で得たノウハウもあわせて大学や研究機関と連携し、その成果をシンポジウムや論文などの形で発表し、サンマの資源維持につなげたい[238]。

　人口増加により世界人口が80億人を超え、全員に必要な量の食糧をどう確保するかが全人類の課題である。動物園や水族館で動物を飼育する中で、研究所を兼ねるため養殖に成功すれば社会貢献活動となる。

---

[238] 2023/06/23 NHK「世界初 サンマ養殖技術の基礎研究開始 アクアマリンふくしま」2023年6月28日アクセ
https://www3.nhk.or.jp/lnews/fukushima/20230623/6050023031.html

＜参考文献＞

・BSfan 特別編集（2000）『MOOK21 20 世紀の映画』共同通信社

・Eisner, D. Michael and Tony Schwartz (1998), *WORK IN PROGRESS, THE WALT DISNY COMPANY* c/o, The Robbins Office Inc. through The English Agency (Japan) Ltd.（布施由紀子訳（2000）『ディズニー・ドリームの発想』（上・下）株式会社徳間書店）

・Gabler, Neal (2011), *Walt Disney: The Biography*, Aurum Press, 7 Greenland Street, London NW.

・Thomas, Bob (1976), WALT DISNEY: AN AMERICAN ORIGINAL, Hyperion in the United States.（玉置悦子・能登路雅子訳（2010）『ウォルト・ディズニー　冒険と創造の生涯』完全復刻版、講談社）

・辻信太郎（2000）『これがサンリオの秘密です。』扶養社

・中島　恵（2013b）『テーマパーク経営論～映画会社の多角化編～』三恵社

・中島　恵（2013c）『東京ディズニーリゾートの経営戦略』三恵社

・中島　恵（2014a）『ディズニーランドの国際展開戦略』三恵社

・中島　恵（2014b）『ユニバーサル・スタジオの国際展開戦略』三恵社

・中島　恵（2017）『なぜ日本だけディズニーランドと USJ が「大」成功したのか？』三恵社

・中島　恵（2021）『テーマパーク事業論–プロデューサーの仕事内容–』三恵社

・中島　恵（2022a）『テーマパーク産業論改訂版　日本編』三恵社

・中島　恵（2022b）『テーマパーク産業論改訂版　アジア編』三恵社

・中島　恵（2023a）『テーマパーク産業論改訂版　ヨーロッパ編』三恵社

・堀貞一郎（1987）『人を集める―なぜ東京ディズニーランドがはやるのか―』ティービーエス・ブリタニカ

著者紹介

中島　恵 (なかじま　めぐみ)

明治大学　経営学部　兼任講師
学位：修士 (経営学) ［明治大学］
専門：経営学、観光事業論、レジャー産業論、テーマパーク経営論
出身：長野県
大学院生だった2004年に東京ディズニーリゾートのアルバイトの人材育成とモティベーション向上策を研究し始め、その後テーマパーク全般を研究するようになる。

\<略歴\>
明治大学大学院　経営学研究科　博士前期課程　経営学専攻　修了
明治大学大学院　経営学研究科　博士後期課程　経営学専攻　単位取得満期退学
明治大学経営学部専任助手、星稜女子短期大学 (現・金沢星稜大学短期大学部) 経営実務科専任講師、大阪観光大学観光学部専任講師、東京経営短期大学総合経営学科専門講師を経て2021から現職

\<単著\>
(1)『テーマパーク産業論』(2011)、(2)『テーマパーク産業の形成と発展－企業のテーマパーク事業多角化の経営学的研究』(2012)、(3)『テーマパークの施設経営』(2013a)、(4)『テーマパーク経営論～映画会社の多角化編～』(2013b)、(5)『東京ディズニーリゾートの経営戦略』(2013c)、(6)『ディズニーランドの国際展開戦略』(2014a)、(7)『ユニバーサル・スタジオの国際展開戦略』(2014b)、(8)『観光ビジネス』(2016)、(9)『ディズニーの労働問題～「夢と魔法の王国」の光と影～』(2017a)、(10)『なぜ日本だけディズニーランドとUSJが「大」成功したのか?』(2017b)、(11)『テーマパーク事業と地域振興』(2021a)、(12)『テーマパーク事業論～プロデューサーの仕事内容～』(2021b)、(13)『テーマパーク産業論 改訂版 日本編』(2022a)、(14)『テーマパーク産業論 改訂版 アジア編』(2022b)、(15)『テーマパーク産業論 改訂版 中国編』(2023a)、(16)『テーマパーク産業論 改訂版 ヨーロッパ編』(2023b)、全て三恵社から出版。

テーマパーク産業論改訂版　アメリカ編

2024年5月31日　　初版発行

著　者　　中島　恵
Nakajima, Megumi

発行所　　株式会社　三恵社
〒462-0056 愛知県名古屋市北区中丸町2-24-1
TEL 052 (915) 5211
FAX 052 (915) 5019
URL http://www.sankeisha.com